根据十八届四中全会决定中提出的
国家机关“谁执法谁普法”精神最新编写

农业
法律知识读本

中国社会科学院法学研究所法治宣传教育与公法研究中心◎组织编写

总顾问：张苏军　　总主编：陈泽宪
本册主编：艾其来　严月仙

以案释法版

谁执法谁普法

中国出版集团
中国民主法制出版社
全国百佳图书出版单位

图书在版编目（CIP）数据

农业法律知识读本 ：以案释法版 / 中国社会科学院法学研究所法治宣传教育与公法研究中心组织编写. --北京 ：中国民主法制出版社，2016.10

（谁执法谁普法系列丛书）

ISBN 978-7-5162-1292-9

Ⅰ.①农… Ⅱ.①中… Ⅲ.①农业法－基本知识－中国 Ⅳ.①D922.44

中国版本图书馆CIP数据核字（2016）第198677号

责任编辑 / 杨　文
装帧设计 / 郑文娟

书　　名 / 农业法律知识读本（以案释法版）
作　　者 / 艾其来　严月仙

出版·发行 / 中国民主法制出版社
社　　址 / 北京市丰台区右安门外玉林里7号（100069）
电　　话 / 010-62152088
传　　真 / 010-62168123
经　　销 / 新华书店
开　　本 / 16开　710mm×1000mm
印　　张 / 11
字　　数 / 194千字
版　　本 / 2017年1月第1版　　2017年1月第1次印刷
印　　刷 / 北京精乐翔印刷有限公司

书　　号 / ISBN 978-7-5162-1292-9
定　　价 / 28.00元

丛书编委会名单

总　序

搞好法治宣传教育
营造良好法治氛围

全面推进依法治国，是坚持和发展中国特色社会主义，努力建设法治中国的必然要求和重要保障，事关党执政兴国、人民幸福安康、国家长治久安。

我们党长期重视依法治国，特别是党的十八大以来，以习近平同志为核心的党中央对全面依法治国作出了重要部署，对法治宣传教育提出了新的更高要求，明确了法治宣传教育的基本定位、重大任务和重要措施。十八届三中全会要求“健全社会普法教育机制”；十八届四中全会要求“坚持把全民普法和守法作为依法治国的长期基础性工作，深入开展法治宣传教育”；十八届五中全会要求“弘扬社会主义法治精神，增强全社会特别是公职人员尊法学法守法用法观念，在全社会形成良好法治氛围和法治习惯”。习近平总书记多次强调，领导干部要做尊法学法守法用法的模范。法治宣传教育要创新形式、注重实效，为我们做好工作提供了基本遵循。

当前，我国正处于全面建成小康社会的决定性阶段，依法治国在党和国家工作全局中的地位更加突出，严格执法、公正司法的要求越来越高，维护社会公平正义的责任越来越大。按照全面依法治国新要求，深入开展法治宣传教育，充分发挥法治宣传教育在全面依法治国中的基础作用，推动全社会树立法治意识，为“十三五”时期经济社会发展营造良好法治环境，为实现“两个一百年”奋斗目标和中华民族伟大复兴的中国梦作出新贡献，责任重大、意义深远。

为深入贯彻党的十八大和十八届三中、四中、五中、六中全会精神和习近平总书记系列重要讲话精神，以及中共中央、国务院转发《中央宣传部、司法部关于在公民中开展法治宣传教育的第七个五年规划（2016—2020年）》，扎实推进“七五”普法工作，中国社会科学院法学研究所联合中国民主法制出版社，组织国内有关方面的专家学者，在新一轮的五年普法规划实施期间，郑重推出“全面推进依法治国精品书库（六大系列）”，即《全国“七五”普法系列教材（以案释法版，25册）》《青少年法治教育系列教材（法治实践版，30册）》《新时期法治宣传教育工作理论与实务丛书（30册）》《“谁执法（主管）谁普法”系列丛书（以案释法版，80册）》《“七五”普法书架——以案释法系列丛书（60册）》和《“谁执法（主管）谁普法”系列宣传册（漫画故事版，100册）》。

其中“谁执法谁普法，谁主管谁负责”工作是一项涉及面广、工作要求高的系统工程。它以法律所调整的不同社会关系为基础，以行业监管或主管所涉及的法律法规为主体，充分发挥行业优势和主导作用，在抓好部门、行业内部法治宣传教育的同时，面向普法对象，普及该专属领域所涉及的法律法规的一种创新性普法方式。

实行“谁执法谁普法，谁主管谁负责”是贯彻落实中央精神、贯彻实施“七五”普法规划、深入推进新一轮全国法治宣传教育活动的重要举措。这一重要举措的切实实施，有利于充分发挥执法部门、行业主管的职能优势和主导作用，扩大普法依法治理工作覆盖面，增强法治宣传教育的针对性、专业性，促进执法与普法工作的有机结合，有利于各部门、各行业分工负责、各司其职、齐抓共管的大普法工作格局的形成。

为了深入扎实地做好“谁执法谁普法，谁主管谁负责”工作，我们组织编写了这套《“谁执法（主管）谁普法”系列丛书（以案释法版，80册）》。该丛书内容包括全面推进依法治国重大战略布局、宪法、行政法以及行业管理所涉及的法律法规制度。全书采取宣讲要点、以案释法的形式，紧紧围绕普法宣传的重点、法律规定的要点、群众关注的焦点、社会关注的热点、司法实践的难点，结合普法学习、法律运用和司法实践进行全面阐释，深入浅出，通俗易懂，具有较强的实用性和操作性，对于提高行业行政执法和业务管理人员能力水平，增强管理对象的法治意识具有积极意义。

衷心希望丛书的出版，能够为深入推进行业普法起到应有作用，更好地营造尊法学法守法用法的良好氛围。

本书编委会

2016年10月

目　　录

第一章　全面推进依法治国的重大战略布局……………………………… 1

第一节　全面推进依法治国方略……………………………………………… 1

以案释法01　严格依法办事、坚持从严治党……………………………… 3

以案释法02　让人民群众在司法案件中感受到公平正义………………… 11

第二节　建设中国特色社会主义法治体系………………………………… 12

第三节　提高运用法治思维和法治方式的能力…………………………… 15

以案释法03　化解矛盾终究须靠法………………………………………… 18

以案释法04　权力不能越出制度的笼子…………………………………… 20

第四节　“谁执法谁普法”的普法责任制………………………………… 21

第二章　宪法……………………………………………………………… 25

第一节　概述………………………………………………………………… 25

以案释法05　一切违反宪法和法律的行为都必须予以追究……………… 27

第二节　我国的基本政治经济制度………………………………………… 28

第三节　公民的基本权利和义务…………………………………………… 32

第四节　国家机构的设置及功能…………………………………………… 35

第五节　国家宪法日和宪法宣誓制度……………………………………… 38

第三章　我国行政法律制度……………………………………………… 41

第一节　我国依法行政的发展历程………………………………………… 41

第二节　行政组织法………………………………………………………… 43

第三节　行政行为法………………………………………………………… 45

以案释法06　违法行政决定被撤销………………………………………… 49

第四节　行政监督法………………………………………………………… 50

以案释法07　行政不作为被判败诉………………………………………… 57

第四章　我国农业法律制度……………………………………………… 59

第一节　我国农业法律制度的历史沿革…………………………………… 59

以案释法08　关于免征农业税后土地承包纠纷…………………………… 62

第二节　我国农业法律制度的现状………………………………………… 63

以案释法09　农民工讨薪难背后的法律问题……………………………… 64

第三节　农业法律制度的发展与完善…………………………………………… 67
以案释法10　关于城镇和农村人口不同标准的医疗赔偿纠纷……………… 74
第五章　农业管理…………………………………………………………………… 77
第一节　农业法…………………………………………………………………… 77
以案释法11　未经村委会同意签订的土地转包协议是否有效……………… 81
第二节　土地管理………………………………………………………………… 82
以案释法12　村委会不予发放占地补偿款纠纷案…………………………… 85
第三节　乡镇企业………………………………………………………………… 85
以案释法13　免职乡镇企业经理贪污房产权属被撤销……………………… 89
第四节　农民专业合作社………………………………………………………… 90
以案释法14　农业专业合作社借款保证合同纠纷…………………………… 92
第五节　农业机械化促进………………………………………………………… 93
以案释法15　国家工作人员利用农机补贴政策共同受贿…………………… 95
第六节　农产品质量安全………………………………………………………… 96
以案释法16　擅自使用绿色食品标志案……………………………………… 101
第六章　种植业管理………………………………………………………………… 102
第一节　种子管理………………………………………………………………… 102
以案释法17　未经农业部审批擅自出口种质资源…………………………… 107
第二节　农药管理………………………………………………………………… 108
以案释法18　某公司诉县农业局行政处罚纠纷案…………………………… 110
第三节　农业转基因生物安全…………………………………………………… 111
以案释法19　某品牌食用油转基因标识违规………………………………… 113
第四节　肥料……………………………………………………………………… 114
以案释法20　经营未取得肥料登记证的肥料产品案………………………… 116
第七章　畜牧业管理………………………………………………………………… 117
第一节　草原资源………………………………………………………………… 117
以案释法21　非法开垦草原以非法占用农用地罪论处案…………………… 120
第二节　畜禽养殖………………………………………………………………… 121
以案释法22　行政处罚贩运猪肉未加盖检疫章……………………………… 122
第三节　饲料和饲料添加剂……………………………………………………… 123
以案释法23　行政处罚饲料厂销售禁用“抗生素药渣”…………………… 126
第四节　乳品质量安全监督……………………………………………………… 127
以案释法24　未经许可经营海外代购婴幼儿奶粉…………………………… 129

第八章　渔业管理 …… 131
第一节　渔业捕捞 …… 131
以案释法25　使用电跑网捕鱼破坏渔业资源案 …… 134
第二节　水污染防治 …… 135
以案释法26　鱼塘水污染责任纠纷案 …… 136
第三节　水生野生动物保护 …… 137
以案释法27　非法运输红珊瑚刑事案 …… 141
第九章　兽医兽药管理 …… 142
第一节　兽医医政 …… 142
以案释法28　不具备执业资格兽医违法从业损害赔偿纠纷 …… 145
第二节　动物防疫 …… 145
以案释法29　经营仔猪无动物检疫合格证明行政处罚案 …… 153
第三节　兽药管理 …… 154
以案释法30　无兽药经营许可证经营兽药案 …… 159
以案释法31　剥夺当事人听证权行政处罚无效案 …… 160
附　录 …… 161
农业部关于印发《农业系统法治宣传教育第七个五年规划（2016—2020年）》的通知 …… 161

第一章

全面推进依法治国的重大战略布局

导读

依法治国，就是广大人民群众在党的领导下，依照宪法和法律规定，通过法定形式管理国家事务，管理经济文化事业，管理社会事务，保证国家各项工作都依法进行，逐步实现民主制度化、法律化，建设社会主义法治国家。全面推进依法治国，是我们党从坚持和发展中国特色社会主义，实现国家治理体系和治理能力现代化，提高党的执政能力和执政水平出发，总结历史经验、顺应人民愿望和时代发展要求作出的重大战略布局。全面推进依法治国，必须坚持中国共产党的领导，坚持人民主体地位、坚持法律面前人人平等，坚持依法治国和以德治国相结合，坚持从中国实际出发。坚持依法治国、依法执政、依法行政共同推进，坚持法治国家、法治政府、法治社会一体建设，实现科学立法、严格执法、公正司法、全民守法，促进国家治理体系和治理能力现代化。

第一节　全面推进依法治国方略

依法治国，从根本上讲，就是广大人民群众在党的领导下，依照宪法和法律规定，通过法定形式管理国家事务、管理经济文化事业、管理社会事务，保证国家各项工作都依法进行，逐步实现民主制度化、法律化，建设社会主义法治国家。

一、全面推进依法治国的形成与发展过程

全面推进依法治国的提出，是对我们党严格执法执纪优良传统作风的传承，是对党的十五大报告提出的“依法治国，建设社会主义法治国家”的深化。历史地看，

我们党依法治国基本方略的形成和发展，经历了一个长期的探索发展过程。早在革命战争年代，我党领导下的革命根据地红色政权就陆续制定和颁布过《中华苏维埃共和国宪法大纲》《中国土地法大纲》《陕甘宁边区施政纲领》等一系列法律制度规定，为新生红色政权的依法产生和依法办事，为调动一切抗日力量抵御外来侵略者，为解放全中国提供了宪法性依据和法律遵循。遵守法纪、依法办事成为这一时期党政工作的一大特色。尽管从总体上看，为适应战时需要，当时主要实行的还是政策为主、法律为辅，但在战争年代，尤其是军事力量对比实力悬殊的情况下，我们党依然能够在革命根据地和解放区坚持探索和实践法制建设，充分显示了一个无产阶级政党领导人民翻身解放、当家作主的博大胸怀。1949年中华人民共和国成立，开启了中国法治建设的新纪元。从1949年到20世纪50年代中期，是中国社会主义法制的初创时期。这一时期中国制定了具有临时宪法性质的《中国人民政治协商会议共同纲领》和其他一系列法律、法令，对巩固新生的共和国政权，维护社会秩序和恢复国民经济，起到了重要作用。1954年第一届全国人民代表大会第一次会议制定的《中华人民共和国宪法》以及随后制定的有关法律，规定了国家的政治制度、经济制度和公民的权利与自由，规范了国家机关的组织和职权，确立了国家法制的基本原则，初步奠定了中国法治建设的基础。20世纪50年代后期至70年代初，特别是“文化大革命”的十年，中国社会主义法制遭到严重破坏。20世纪70年代末，中国共产党总结历史经验，特别是汲取“文化大革命”的惨痛教训，作出把“党和国家的工作重心转移到社会主义现代化建设上来”的重大决策，实行改革开放政策，明确了一定要靠法制治理国家的原则。为了保障人民民主，必须加强社会主义法制，使民主制度化、法律化，使这种制度和法律具有稳定性、连续性和权威性，使之不因领导人的改变而改变，不因领导人的看法和注意力的改变而改变，做到有法可依，有法必依，执法必严，违法必究，成为改革开放新时期法治建设的基本理念。在发展社会主义民主、健全社会主义法制的基本方针指引下，现行宪法以及刑法、刑事诉讼法、民事诉讼法、民法通则、行政诉讼法等一批基本法律出台，中国的法治建设进入了全新发展阶段。20世纪90年代，中国开始全面推进社会主义市场经济建设，由此进一步奠定了法治建设的经济基础，法治建设面临新的更高要求。1997年召开的中国共产党第十五次全国代表大会，将“依法治国”确立为治国基本方略，将“建设社会主义法治国家”确定为社会主义现代化的重要目标，并提出了建设中国特色社会主义法律体系的重大任务。1999年修宪，“中华人民共和国实行依法治国，建设社会主义法治国家”载入宪法，中国的法治建设开启了新篇章。进入21世纪，中国的法治建设继续向前推进。2002年召开的中国共产党第十六次全国代表大会，将“社会主义民主更加完善，社会主义法制更加完备，依法治国基本方略得到全面落实”作为全面建设小康社会的重要目标。2004年修宪，“国家尊重和保障人权”载入宪法。

2007年召开的中国共产党第十七次全国代表大会，明确提出全面落实依法治国基本方略，加快建设社会主义法治国家，并对加强社会主义法治建设作出了全面部署。2012年中共十八大召开以来，党中央高度重视依法治国。2014年10月，十八届四中全会专门作出《中共中央关于全面推进依法治国若干重大问题的决定》，描绘了全面推进依法治国的总蓝图、路线图、施工图，标志着依法治国按下了“快进键”、进入了“快车道”，对我国社会主义法治建设具有里程碑意义。在新的历史起点上，我们党更加重视全面依法治国和社会主义法治建设，强调落实依法治国基本方略，加快建设社会主义法治国家，全面推进科学立法、严格执法、公正司法、全民守法进程，强调坚持党的领导，更加注重改进党的领导方式和执政方式；依法治国，首先是依宪治国；依法执政，关键是依宪执政；新形势下，我们党要履行好执政兴国的重大职责，必须依据党章从严治党、依据宪法治国理政；党领导人民制定宪法和法律，党领导人民执行宪法和法律，党自身必须在宪法和法律范围内活动，真正做到党领导立法、保证执法、带头守法。当前，我国全面建成小康社会进入决定性阶段，改革进入攻坚期和深水区。我们党面临的改革发展稳定任务之重前所未有、矛盾风险挑战之多前所未有，依法治国在党和国家工作全局中的地位更加突出、作用更加重大。全面推进依法治国是关系我们党执政兴国、关系人民幸福安康、关系党和国家长治久安的重大战略问题，是完善和发展中国特色社会主义制度、推进国家治理体系和治理能力现代化的重要方面。我们要实现党的十八大和十八届三中、四中、五中全会作出的一系列战略部署，全面建成小康社会、实现中华民族伟大复兴的中国梦，全面深化改革、完善和发展中国特色社会主义制度，就必须在全面推进依法治国上作出总体部署、采取切实措施、迈出坚实步伐。

以案释法 01

严格依法办事、坚持从严治党

2015年5月22日，天津市第一中级人民法院鉴于周永康案中一些犯罪事实证据涉及国家秘密，依法对周永康案进行不公开审理。天津市第一中级人民法院经审理认为，周永康受贿数额特别巨大，但其归案后能如实供述自己的罪行，认罪悔罪，绝大部分贿赂系其亲属收受且其系事后知情，案发后主动要求亲属退赃且受贿款物全部追缴，具有法定、酌定从轻处罚情节；滥用职权，犯罪情节特别严重；故意泄露国家秘密，犯罪情节特别严重，但未造成特别严重的后果。根据周永康犯罪的事实、性质、情节和对于社会的危害程度，天津市第一中级人民法院于2015年6月11日宣判，周永康犯受贿罪，判处无期徒刑，剥夺政治权利终身，并处没收个人财产；犯滥用职权罪，判处有期徒刑七年；犯故意泄露国家秘密罪，判处有期徒刑四年，三罪并罚，决定执行无期徒刑，剥夺政治权利终身，并处没收个人财产。周永康在庭审最后陈述时说："我接受检方指控，基本事实清楚，我表示认罪悔罪；有关人员对我家人的贿赂，实际上是冲着我的权力来的，我应负主要责任；自己不断为私情而违法违纪，违法犯罪的事实是客观存在的，给党和国家造成了重大损失；对我问题的依纪依法处理，体现了中国共产党全面从严治党、全面依法治国的决心。"

释解

周永康一案涉及新中国成立以来第一例因贪腐被中纪委立案审查的正国级领导干部。周永康的落马充分反映了我们党全面从严治党、全面依法治国的坚定决心。说明反腐没有"天花板"，无论任何人，不管位有多高，权有多大，只要违法乱纪，一样要严惩不贷。周永康一案的宣判表明，无论是位高权重之人，还是基层党员干部，都应始终敬畏党纪、敬畏国法，不以权谋私，切忌把权力当成自家的"后花园"。通过办案机关依法办案、文明执法，讲事实、讲道理，周永康也认识到自己违法犯罪的事实给党的事业造成的损失，给社会造成了严重影响，并多次表示认罪悔罪。综观周永康一案从侦办、审理到宣判，整个过程都坚持依法按程序办案，很好地体现了"以法治思维和法治方式反对腐败"的基本理念。这充分说明，我们党敢于直面问题、纠正错误，勇于从严治党、依法治国。周永康案件再次表明，党纪国法绝不是"橡皮泥""稻草人"，无论是因为"法盲"导致违纪违法，还是故意违规违法，都要受到追究，否则就会形成"破窗效应"。法治之下，任何人都不能心存侥幸，也不能指望法外施恩，没有免罪的"丹书铁券"，也没有"铁帽子王"。

二、全面推进依法治国必须坚持的基本原则

全面推进依法治国是一项系统工程，是国家治理领域一场广泛而深刻的革命，需要付出长期艰苦努力，这一过程中，既要避免不作为，又要防范乱作为。为此，党的十八届四中全会明确提出了全面推进依法治国必须要坚持的基本原则，即坚持中国共产党的领导，坚持人民主体地位，坚持法律面前人人平等，坚持依法治国和以德治国相结合，坚持从中国实际出发。

（一）党的领导原则

党的领导是中国特色社会主义最本质的特征，是社会主义法治最根本的保证。把党的领导贯彻到依法治国全过程和各方面，是我国社会主义法治建设的一条基本经验。我国宪法确立了中国共产党的领导地位。坚持党的领导，是社会主义法治的根本要求，是党和国家的根本所在、命脉所在，是全国各族人民的利益所系、幸福所系。实践证明，只有把依法治国基本方略的贯彻实施同依法执政的基本方式统一起来，把党领导立法、保证执法、支持司法、带头守法统一起来，把党总揽全局、

协调各方同人大、政府、政协、审判机关、检察机关依法依章程履行职能、开展工作统一起来，把党领导人民制定和实施宪法法律同党坚持在宪法法律范围内活动统一起来，才能确保法治中国的建设有序推进、深入开展。

（二）人民主体原则

在我国，人民是依法治国的主体和力量源泉，法治建设以保障人民根本权益为出发点和落脚点。法治建设的宗旨是为了人民、依靠人民、保护人民、造福人民。因此，全面推进依法治国，必须要保证人民依法享有广泛的权利和自由、承担应尽的义务，维护社会公平正义，促进共同富裕。全面推进依法治国，就是为了更好地实现人民在党的领导下，依照法律规定，通过各种途径和形式管理国家事务，管理经济文化事业，管理社会事务。法律既是保障公民权利的有力武器，也是全体公民必须一体遵循的行为规范，因此全面推行依法治国，必须要坚持人民主体原则，切实增强全社会学法尊法守法用法意识，使法律为人民所掌握、所遵守、所运用。

（三）法律面前人人平等原则

平等是社会主义法律的基本属性。法律面前人人平等，要求任何组织和个人都必须尊重宪法法律权威，都必须在宪法法律范围内活动，都必须依照宪法法律行使权力或权利、履行职责或义务，都不得有超越宪法法律的特权。全面推行依法治国，必须维护国家法制统一、尊严和权威，切实保证宪法法律有效实施，任何人都不得以任何借口任何形式以言代法、以权压法、徇私枉法。必须规范和约束公权力，加大监督力度，做到有权必有责、用权受监督、违法必追究。坚决纠正有法不依、执法不严、违法不究行为。

（四）依法治国和以德治国相结合原则

法律和道德同为社会行为规范，在支撑社会交往、维护社会稳定、促进社会发展方面，发挥着各自不同的且不可替代的交互作用，国家和社会治理离不开法律和道德的共同发挥作用。全面推进依法治国，必须要既重视发挥法律的规范作用，又重视发挥道德的教化作用，要坚持一手抓法治、一手抓德治，大力弘扬社会主义核心价值观，弘扬中华传统美德，培育社会公德、职业道德、家庭美德、个人品德。法治要体现道德理念、强化对道德建设的促进作用，道德要滋养法治精神、强化对法治文化的支撑作用，以实现法律和道德相辅相成、法治和德治相得益彰。

（五）从实际出发原则

全面推进依法治国是中国特色社会主义道路、理论、制度实践的必然选择。建设法治中国，必须要从我国基本国情出发，同改革开放不断深化相适应，总结和运用党领导人民实行法治的成功经验，围绕社会主义法治建设重大理论和实践问题，深入开展法治建设，推进法治理论创新。

三、全面推进依法治国的总体要求

十八届四中全会是我党历史上第一次通过全会的形式专题研究部署、全面推进依法治国问题。全会在对全面推进依法治国的重要意义、重大作用、指导思想和基本原则作了系统阐述的基础上，站在总揽全局、协调各方的高度，对全面推进依法治国进程中的人大、政府、政协、审判、检察等各项工作提出了工作要求。

（一）加强立法工作，完善中国特色社会主义法律体系建设和以宪法为核心的法律制度实施

1. 建设中国特色社会主义法治体系，坚持立法先行，发挥立法的引领和推动作用，抓住提高立法质量这个关键

立法工作要恪守以民为本、立法为民理念，贯彻社会主义核心价值观，要符合宪法精神、反映人民意志、得到人民拥护。要把公正、公平、公开原则贯穿立法全过程，完善立法体制机制，坚持立改废释并举，增强法律法规的及时性、系统性、针对性、有效性。坚持依法治国，首先要坚持依宪治国、坚持依宪执政。一切违反宪法的行为都必须予以追究和纠正。为了强化宪法意识，党和国家还确定，每年12月4日定为国家宪法日。在全社会普遍开展宪法教育，弘扬宪法精神。建立宪法宣誓制度，凡经人大及其常委会选举或者决定任命的国家工作人员正式就职时公开向宪法宣誓。

2. 完善党对立法工作中重大问题决策的程序

凡立法涉及重大体制和重大政策调整的，必须报党中央讨论决定。党中央向全国人大提出宪法修改建议，依照宪法规定的程序进行宪法修改。法律制定和修改的重大问题由全国人大常委会党组向党中央报告。健全有立法权的人大主导立法工作的体制机制。建立由全国人大相关专门委员会、全国人大常委会法制工作委员会组织有关部门参与起草综合性、全局性、基础性等重要法律草案制度。增加有法治实践经验的专职常委比例。依法建立健全专门委员会、工作委员会立法专家顾问制度。加强和改进政府立法制度建设，完善行政法规、规章制定程序，完善公众参与政府立法机制。重要行政管理法律法规由政府法制机构组织起草。明确立法权力边界，从体制机制和工作程序上有效防止部门利益和地方保护主义法律化。明确地方立法权限和范围，依法赋予设区的市地方立法权。

3. 深入推进科学立法、民主立法

加强人大对立法工作的组织协调，健全立法起草、论证、协调、审议机制，健全向下级人大征询立法意见机制，建立基层立法联系点制度，推进立法精细化。更多发挥人大代表参与起草和修改法律的作用。充分发挥政协委员、民主党派、工商联、无党派人士、人民团体、社会组织在立法协商中的作用，拓宽公民有序参与立

法途径，广泛凝聚社会共识。

4.加强重点领域立法

依法保障公民权利，加快完善体现权利公平、机会公平、规则公平的法律制度，保障公民人身权、财产权、基本政治权利等各项权利不受侵犯，保障公民经济、文化、社会等各方面权利得到落实，实现公民权利保障法治化。增强全社会尊重和保障人权意识，健全公民权利救济渠道和方式。

（二）深入推进依法行政，加快建设法治政府

各级政府必须坚持在党的领导下、在法治轨道上开展工作，创新执法体制，完善执法程序，推进综合执法，严格执法责任，建立权责统一、权威高效的依法行政体制，加快建设职能科学、权责法定、执法严明、公开公正、廉洁高效、守法诚信的法治政府。

1.依法全面履行政府职能

完善行政组织和行政程序法律制度，推进机构、职能、权限、程序、责任法定化行政机关要坚持法定职责必须为、法无授权不可为，勇于负责、敢于担当，坚决纠正不作为、乱作为，坚决克服懒政、怠政，坚决惩处失职、渎职。行政机关不得法外设定权力，没有法律法规依据不得作出减损公民、法人和其他组织合法权益或者增加其义务的决定。

2.健全依法决策机制

把公众参与、专家论证、风险评估、合法性审查、集体讨论决定确定为重大行政决策作出的法定程序，确保决策制度科学、程序正当、过程公开、责任明确。建立重大决策终身责任追究制度及责任倒查机制，对决策严重失误或者依法应该及时作出决策但久拖不决造成重大损失、恶劣影响的，严格追究行政首长、负有责任的其他领导人员和相关责任人员的法律责任。

3.深化行政执法体制改革

根据不同层级政府的事权和职能，按照减少层次、整合队伍、提高效率的原则，合理配置执法力量。推进综合执法，大幅减少市县两级政府执法队伍种类，重点在食品药品安全、工商质检、公共卫生、安全生产、文化旅游、资源环境、农林水利、交通运输、城乡建设、海洋渔业等领域内推行综合执法，有条件的领域可以推行跨部门综合执法；严格实行行政执法人员持证上岗和资格管理制度，未通过执法资格考试，不得授予执法资格，不得从事执法活动。严格执行罚缴分离和收支两条线管理制度，严禁收费罚没收入同部门利益直接或者变相挂钩。

4.坚持严格规范公正文明执法

依法惩处各类违法行为，加大关系群众切身利益的重点领域执法力度。完善执法程序，建立执法全过程记录制度。明确具体操作流程，重点规范行政许可、行政处罚、行政强制、行政征收、行政收费、行政检查等执法行为。严格执行重大执法决定法制审核制度。全面落实行政执法责任制，严格确定不同部门及机构、岗位执法人员执法责任和责任追究机制，加强执法监督，坚决排除对执法活动的干预，防止和克服地方和部门保护主义，惩治执法腐败现象。

5. 强化对行政权力的制约和监督

加强党内监督、人大监督、民主监督、行政监督、司法监督、审计监督、社会监督、舆论监督制度建设，努力形成科学有效的权力运行制约和监督体系，增强监督合力和实效。加强对政府内部权力的制约，对财政资金分配使用、国有资产监管、政府投资、政府采购、公共资源转让、公共工程建设等权力集中的部门和岗位实行分事行权、分岗设权、分级授权，定期轮岗，强化内部流程控制，防止权力滥用。改进上级机关对下级机关的监督，建立常态化监督制度。完善纠错问责机制，健全责令公开道歉、停职检查、引咎辞职、责令辞职、罢免等问责方式和程序。完善审计制度，保障依法独立行使审计监督权。对公共资金、国有资产、国有资源和领导干部履行经济责任情况实行审计全覆盖。

6. 全面推进政务公开

坚持以公开为常态、不公开为例外原则，推进决策公开、执行公开、管理公开、服务公开、结果公开。各级政府及其工作部门依据权力清单，向社会全面公开政府职能、法律依据、实施主体、职责权限、管理流程、监督方式等事项。重点推进财政预算、公共资源配置、重大建设项目批准和实施、社会公益事业建设等领域的政府信息公开。涉及公民、法人或其他组织权利和义务的规范性文件，按照政府信息公开要求和程序予以公布。推行行政执法公示制度。推进政务公开信息化，加强互联网政务信息数据服务平台和便民服务平台建设。

（三）保证公正司法，提高司法公信力

必须完善司法管理体制和司法权力运行机制，规范司法行为，加强对司法活动的监督，努力让人民群众在每一个司法案件中感受到公平正义。

1. 完善确保依法独立公正行使审判权和检察权的制度

建立领导干部干预司法活动、插手具体案件处理的记录、通报和责任追究制度。任何党政机关和领导干部都不得让司法机关做违反法定职责、有碍司法公正的事情，任何司法机关都必须执行党政机关和领导干部不得违法干预司法活动的要求。对干预司法机关办案的，给予党纪政纪处分；造成冤假错案或者其他严重后果的，依法追究刑事责任。

2. 优化司法职权配置

健全公安机关、检察机关、审判机关、司法行政机关各司其职，侦查权、检察权、审判权、执行权相互配合和制约的体制机制。完善审级制度，一审重在解决事实认定和法律适用，二审重在解决事实法律争议、实现二审终审，再审重在依法纠错、维护裁判权威；建立司法机关内部人员过问案件的记录制度和责任追究制度。完善主审法官、合议庭、主任检察官、主办侦查员办案责任制，落实谁办案谁负责。

3. 推进严格司法

健全事实认定符合客观真相、办案结果符合实体公正、办案过程符合程序公正的法律制度。加强和规范司法解释和案例指导，统一法律适用标准。全面贯彻证据裁判规则，严格依法收集、固定、保存、审查、运用证据，完善证人、鉴定人出庭制度，保证庭审在查明事实、认定证据、保护诉权、公正裁判中发挥决定性作用。明确各类司法人员工作职责、工作流程、工作标准，实行办案质量终身负责制和错案责任倒查问责制，确保案件处理经得起法律和历史检验。

4. 保障人民群众参与司法

坚持人民司法为人民，依靠人民推进公正司法，通过公正司法维护人民权益。在司法调解、司法听证、涉诉信访等司法活动中保障人民群众参与。推进审判公开、检务公开、警务公开、狱务公开，依法及时公开执法司法依据、程序、流程、结果和生效法律文书，杜绝暗箱操作。

5. 加强人权司法保障

强化诉讼过程中当事人和其他诉讼参与人的知情权、陈述权、辩护辩论权、申请权、申诉权的制度保障。健全落实罪刑法定、疑罪从无、非法证据排除等法律原则的法律制度。完善对限制人身自由司法措施和侦查手段的司法监督，加强对刑讯逼供和非法取证的源头预防，健全冤假错案有效防范、及时纠正机制。

6. 加强对司法活动的监督

完善检察机关行使监督权的法律制度，加强对刑事诉讼、民事诉讼、行政诉讼的法律监督。完善人民监督员制度，重点监督检察机关查办职务犯罪的立案、羁押、扣押和冻结财物、起诉等环节的执法活动。依法规范司法人员与当事人、律师、特殊关系人、中介组织的接触、交往行为。严禁司法人员私下接触当事人及律师、泄露或者为其打探案情、接受吃请或者收受其财物、为律师介绍代理和辩护业务等违法违纪行为，坚决惩治司法掮客行为，防止利益输送。

（四）增强全民法治观念，推进法治社会建设

弘扬社会主义法治精神，建设社会主义法治文化，增强全社会厉行法治的积极性和主动性，形成守法光荣、违法可耻的社会氛围，使全体人民都成为社会主义法治的忠实崇尚者、自觉遵守者、坚定捍卫者。

1. 推动全社会树立法治意识

坚持把全民普法和守法作为依法治国的长期基础性工作，深入开展法治宣传教育，引导全民自觉守法、遇事找法、解决问题靠法。坚持把领导干部带头学法、模范守法作为树立法治意识的关键，完善国家工作人员学法用法制度，把法治教育纳入国民教育体系，从青少年抓起，在中小学设立法治知识课程。健全普法宣传教育机制，各级党委和政府要加强对普法工作的领导，宣传、文化、教育部门和人民团体要在普法教育中发挥职能作用。实行国家机关“谁执法谁普法”的普法责任制，建立法官、检察官、行政执法人员、律师等以案释法制度。把法治教育纳入精神文明创建内容，开展群众性法治文化活动，健全媒体公益普法制度，加强新媒体新技术在普法中的运用，提高普法实效；加强社会诚信建设，健全公民和组织守法信用记录，完善守法诚信褒奖机制和违法失信行为惩戒机制，使尊法守法成为全体人民的共同追求和自觉行动；加强公民道德建设，弘扬中华优秀传统文化，增强法治的道德底蕴，强化规则意识，倡导契约精神，弘扬公序良俗。发挥法治在解决道德领域突出问题中的作用，引导人们自觉履行法定义务、社会责任、家庭责任。

2. 推进多层次多领域依法治理

深入开展多层次多领域法治创建活动，深化基层组织和部门、行业依法治理，支持各类社会主体自我约束、自我管理。发挥市民公约、乡规民约、行业规章、团体章程等社会规范在社会治理中的积极作用。建立健全社会组织参与社会事务、维护公共利益、救助困难群众、帮教特殊人群、预防违法犯罪的机制和制度化渠道，发挥社会组织对其成员的行为导引、规则约束、权益维护作用。

3. 建设完备的法律服务体系

完善法律援助制度，扩大援助范围，健全司法救助体系，保证人民群众在遇到法律问题或者权利受到侵害时获得及时有效的法律帮助。

4. 健全依法维权和化解纠纷机制

强化法律在维护群众权益、化解社会矛盾中的权威地位，引导和支持人们理性表达诉求、依法维护权益。建立健全社会矛盾预警机制、利益表达机制、协商沟通机制、救济救助机制，畅通群众利益协调、权益保障法律渠道。把信访纳入法治化轨道，保障合理合法诉求依照法律规定和程序就能得到合理合法的结果。健全社会矛盾纠纷预防化解机制，完善调解、仲裁、行政裁决、行政复议、诉讼等有机衔接、相互协调的多元化纠纷解决机制。完善立体化社会治安防控体系，有效防范、化解、管控影响社会安定的问题，保障人民生命财产安全。依法严厉打击暴力恐怖、涉黑犯罪、邪教和黄赌毒等违法犯罪活动，绝不允许其形成气候。依法强化危害食品药品安全、影响生产安全、损害生态环境、破坏网络安全等重点问题治理。此外，十八届四中全会还就法治工作队伍建设、党对全面推进依法治国的领导等重大问题提出了加强和改进要求。

以案释法 02

让人民群众在司法案件中感受到公平正义

欠债还钱，天经地义，支付罚息，也理所应当。但是，银行却在本金、罚息之外，另收“滞纳金”，并且还是按复利计算，结果经常导致“滞纳金”远高于本金，成了实际上的“驴打滚”。中国银行某高新技术产业开发区支行起诉信用卡欠费人沙女士，请求人民法院判令沙女士归还信用卡欠款共计375079.3元（包含本金339659.66元及利息、滞纳金共计35419.64元）。银行按每日万分之五的利率计算的利息，以及每个月高达5%的滞纳金，这就相当于年利率高达78%。受理本案的人民法院认为，根据合同法、商业银行法，我国的贷款利率是受法律限制的，最高人民法院在关于民间借贷的司法解释中明确规定：最高年利率不得超过24%，否则就算“高利贷”，不受法律保护。但问题在于，最高法的司法解释针对的是“民间高利贷”，而原告是根据中国人民银行的《银行卡业务管理办法》收取滞纳金的，该如何审理？

释解

在我国社会主义法律体系中，宪法是国家的根本大法，处于最高位阶，一切法律、行政法规、司法解释、地方性法规和规章、自治条例和单行条例都不得与宪法规定精神相违背。依法治国首先必须依宪治国。十八届四中全会重申了宪法第五条关于“一切违反宪法和法律的行为，必须予以追究”的原则，强调要“努力让人民群众在每一个司法案件中感受到公平正义”。此案中，法官引述了宪法第三十三条第二款规定：“中华人民共和国公民在法律面前一律平等。”法官认为：“平等意味着对等待遇，除非存在差别对待的理由和依据。一方面，国家以贷款政策限制民间借款形成高利；另一方面，在信用卡借贷领域又形成超越民间借贷限制一倍或者几倍的利息。这显然极可能形成一种‘只准州官放火，不许百姓点灯’的外在不良观感。”法官从宪法“平等权”等多个层面，提出应对法律作系统性解释，认为“商业银行错误将相关职能部门的规定作为自身高利、高息的依据，这有违合同法及商业银行法的规定”，从而最终驳回了银行有关滞纳金的诉讼请求，仅在本金339659.66元、年利率24%的限度内予以支持。

第二节　建设中国特色社会主义法治体系

十八届四中全会提出 :“全面推进依法治国，总目标是建设中国特色社会主义法治体系，建设社会主义法治国家。”这是我们党的历史上第一次提出建设中国特色社会主义法治体系的新目标。从“法律体系”到“法治体系”是一个质的飞跃，是一个从静态到动态的过程，是一个从平面到立体的过程。

一、中国特色社会主义法治体系的主要内容

中国特色社会主义法治体系包括完备的法律规范体系、高效的法治实施体系、严密的法治监督体系、有力的法治保障体系、完备的党内法规体系五个子系统。

（一）完备的法律规范体系

建设中国特色社会主义法治体系，全面推进依法治国，需要充分的规范供给为全社会依法办事提供基本遵循。一方面，要加快完善法律、行政法规、地方性法规体系；另一方面，也要完善包括市民公约、乡规民约、行业规章、团体章程在内的社会规范体系。恪守原有单一的法律渊源已无法满足法治实践的需求，有必要适当扩大法律渊源，甚至可以有限制地将司法判例、交易习惯、法律原则、国际惯例作为裁判根据，以弥补法律供给的不足，同时还应当建立对法律扩大或限缩解释的规则，通过法律适用过程填补法律的积极或消极的漏洞。为了保证法律规范的质量和提升立法科学化的水平，应当进一步改善立法机关组成人员的结构，提高立法程序正当化水平，构建立法成本效益评估前置制度，建立辩论机制，优化协商制度，提升立法技术，规范立法形式，确定法律规范的实质与形式标准，设立法律规范的事前或事后的审查过滤机制，构建实施效果评估机制，完善法律修改、废止和解释制度，等等。尤其要着力提高立法过程的实质民主化水平，要畅通民意表达机制以及民意与立法的对接机制，设定立法机关组成人员联系选民的义务，规范立法机关成员与“院外”利益集团的关系，完善立法听取意见（包括听证等多种形式）、整合吸纳意见等制度，建立权力机关内部的制约协调机制，建立立法成员和立法机关接受选民和公众监督的制度，等等。

（二）高效的法治实施体系

法治实施是一个系统工程。首先，要认真研究如何使法律规范本身具有可实施性，不具有实施可能性的法律规范无疑会加大实施成本，甚至即使执法司法人员费尽心机也难以实现。因此，要特别注意法律规范的可操作性、实施资源的配套性、法律规范本身的可接受性以及法律规范自我实现的动力与能力。其次，要研究法律实施所必需的体制以及法律设施，国家必须为法律实施提供强有力的体制、设施与物质保障。再次，要认真研究法律实施所需要的执法和司法人员的素质与能力，要

为法律实施所需要的素质和能力的培训与养成提供必要的条件和机制。又次，要研究法律实施的环境因素，并为法律实施创造必要的执法和司法环境。最后，要研究如何克服法律实施的阻碍和阻力，有针对性地进行程序设计、制度预防和机制阻隔，针对我国现阶段的国情，有必要把排除“人情”“关系”“金钱”“权力”对法律实施的干扰作为重点整治内容。

（三）严密的法治监督体系

对公共权力的监督和制约，是任何法治形态的基本要义；公共权力具有二重性，唯有法律能使其扬长避短和趋利避害；破坏法治的最大危险在一般情况下都来自公共权力；只有约束好公共权力，国民的权利和自由才可能安全实现。有效监督和制约公共权力，要在以下几个方面狠下功夫：要科学配置权力，使决策权、执行权、监督权相互制约又相互协调；要规范权力的运行，为权力的运行设定明确的范围、条件、程序和界限；要防止权力的滥用，为权力的行使设定正当目的及合理基准与要求；要严格对权力的监督，有效规范党内、人大、民主、行政、司法、审计、社会、舆论诸项监督，并充分发挥各种监督的独特作用，使违法或不正当行使权力的行为得以及时有效纠正；要健全权益恢复机制，使受公共权力侵害的私益得到及时赔偿或补偿。

（四）有力的法治保障体系

依法治国是一项十分庞大和复杂的综合性系统工程。要在较短时间内实现十八届四中全会提出的全面推进依法治国的战略目标，任务艰巨而繁重，如果缺少配套的保证体系作为支撑，恐难以持久。普遍建立法律顾问制度。完善规范性文件、重大决策合法性审查机制。建立科学的法治建设指标体系和考核标准。健全法规、规章、规范性文件备案审查制度。健全社会普法教育机制，增强全民法治观念。逐步增加有地方立法权的较大的市数量。深化行政执法体制改革。完善行政执法程序，规范执法自由裁量权，加强对行政执法的监督，全面落实行政执法责任制和执法经费由财政保障制度，做到严格规范公正文明执法。完善行政执法与刑事司法衔接机制。确保依法独立公正行使审判权、检察权。改革司法管理体制，推动省以下地方人民法院、人民检察院人财物统一管理，探索建立与行政区划适当分离的司法管辖制度，保证国家法律统一正确实施。建立符合职业特点的司法人员管理制度，健全法官、检察官、人民警察统一招录、有序交流、逐级遴选机制，完善司法人员分类管理制度，健全法官、检察官、人民警察职业保障制度。健全司法权力运行机制。优化司法职权配置，健全司法权力分工负责、互相配合、互相制约机制，加强和规范对司法活动的法律监督和社会监督。健全国家司法救助制度，完善法律援助制度。完善律师执业权利保障机制和违法违规执业惩戒制度，加强职业道德建设，发挥律师在依法维护公民和法人合法权益方面的重要作用。

（五）完善的党内法规体系

党内法规既是管党治党的重要依据，也是中国特色社会主义法治体系的重要组成部分。由于缺少整体规划，缺乏顶层设计，党内法规存在“碎片化”现象。要在对现有党内法规进行全面清理的基础上，抓紧制定和修订一批重要党内法规，加大党内法规备案审查和解释力度，完善党内法规制定体制机制，形成配套完备的党内法规制度体系，使党内生活更加规范化、程序化，使党内民主制度体系更加完善，使权力运行受到更加有效的制约和监督，使党执政的制度基础更加巩固，为到建党100周年时全面建成内容科学、程序严密、配套完备、运行有效的党内法规制度体系打下坚实基础。

二、以高度自信建设中国特色社会主义法治体系

（一）依法治国、依法执政、依法行政共同推进

依法治国是党领导人民治国理政的基本方式，要依照宪法和法律规定，通过各种途径和形式实现人民群众在党的领导下管理国家事务，管理经济文化事业，管理社会事务，保证国家各项工作都依法进行，逐步实现社会主义民主的制度化、法律化。依法执政是依法治国的关键，要坚持党领导人民制定法律、实施法律并在宪法法律范围内活动的原则，健全党领导依法治国的制度和工作机制，促进党的政策和国家法律互联互动。依法行政是依法治国的重点，要创新执法体制，完善执法程序，推进综合执法，严格执法责任，建立权责统一、权威高效的依法行政体制，加快建设职能科学、权责法定、执法严明、公开公正、廉洁高效、守法诚信的法治政府，切实做到合法行政、合理行政、高效便民、权责统一、政务公开。

（二）法治国家、法治政府、法治社会一体建设

法治国家、法治政府和法治社会是全面推进依法治国的“一体双翼”。法治国家是长远目标和根本目标，建设法治国家的核心要求是实现国家生活的全面法治化；法治政府是重点任务和攻坚内容，建设法治政府的核心要求是规范和制约公共权力；法治社会是组成部分和薄弱环节，建设法治社会的核心是推进多层次多领域依法治理，实现全体国民自己守法、护法。法治国家、法治政府、法治社会一体建设，要求三者相互补充、相互促进、相辅相成。

（三）科学立法、严格执法、公正司法、全民守法相辅相成

十八大以来，党中央审时度势，提出了“科学立法、严格执法、公正司法、全民守法”的十六字方针，确立了新时期法治中国建设的基本内容。科学立法要求完善立法规划，突出立法重点，坚持立改废释并举，提高立法科学化、民主化水平，提高法律的针对性、及时性、系统性、有效性，完善立法工作机制和程序，扩大公众有序参与，充分听取各方面意见，使法律准确反映经济社会发展要求，更好协调利益关系，发挥立法的引领和推动作用。严格执法，要求加强宪法和法律实施，维

护社会主义法制的统一、尊严、权威，形成人们不愿违法、不能违法、不敢违法的法治环境，做到有法必依、执法必严、违法必究。公正司法，要求要努力让人民群众在每一个司法案件中都感受到公平正义，所有司法机关都要紧紧围绕这个目标来改进工作，重点解决影响司法公正和制约司法能力的深层次问题。全民守法，要求任何组织或者个人都必须在宪法和法律范围内活动，任何公民、社会组织和国家机关都要以宪法和法律为行为准则，依照宪法和法律行使权利或权力、履行义务或职责。

（四）与推进国家治理体系和治理能力现代化同脉共振

全面推进依法治国既是实现国家治理现代化目标的基本要求，又是推进国家治理现代化的重要组成部分。法律的强制性、普遍性、稳定性、公开性、协调性等价值属性满足了国家治理对权威性和有效性的要求。法治在治理现代化过程中具有极为重要的意义。民主、科学、文明、法治是国家治理现代化的基本要求，民主、科学、文明都离不开法治的保障。治理现代化需要通过法治手段进一步具体地对应到治理体系的各个领域和每个方面，需要进一步量化为具体的指标体系，包括国权配置定型化、公权行使制度化、权益保护实效化、治理行为规范化、社会关系规则化、治理方式文明化六个方面。在实现治理法治化的过程中，治理主体需要高度重视法治本身的现代化问题，高度重视法律规范的可实施性，高度重视全社会法治信仰的塑造，高度重视治理事务对法治的坚守，高度重视司法公信力的培养。

第三节　提高运用法治思维和法治方式的能力

法治思维是指将党中央关于法治中国建设的基本要求，将国家宪法和法律的相关规定运用于判断、思考和决策，法治方式就是运用法治思维处理和解决问题的行为方式。法治思维与法治方式两者之间属于法治要求内化于心、外化于行的辩证统一关系。简言之，用法律观念来判断问题，用法律方式来处理矛盾和纠纷，这就是法治思维和法治方式。正如习近平同志指出的那样，“各级领导干部要提高运用法治思维和法治方式深化改革、推动发展、化解矛盾、维护稳定能力，努力推动形成办事依法、遇事找法、解决问题用法、化解矛盾靠法的良好法治环境，在法治轨道上推动各项工作”。

一、法治思维和法治方式的基本属性

法治思维和法治方式作为治理能力范畴中的一种新要求，它要求党员干部要带头尊法、学法、守法、用法，自觉地在法律授权范围内活动，切实维护国家法制的统一、尊严和权威，依法保障人民享有广泛的民主权利和自由；法治思维和法治方

式作为治理能力范畴中的一种新理念，它要求党员干部要带头破除重管理轻服务、重治民轻治官、重权力轻职责等积弊，带头荡除以言代法、以权压法、违法行政等沉疴。中国特色社会主义法治特质决定了法治思维和法治方式集中具有以下几个方面的属性要求：职权法定、权力制约、保障人权、程序正当。

（一）职权法定

职权法定是指行政机关及其公职人员的行政权力，来自于法律的明确授权，而非自行设定。因此，行政机关及其公职人员要做到依法行政，首先必须严守法律明确授予的行政职权，必须在法律规定的职权范围内活动。非经法律授权，不得作出行政管理行为；超出法律授权范围，不享有对有关事务的管理权，否则都属于行政违法。正如党的十八届四中全会强调的那样，“行政机关不得法外设定权力，没有法律法规依据不得作出减损公民、法人和其他组织合法权益或者增加其义务的决定”。坚持职权法定，首先在思想上要牢固树立宪法和法律的权威。宪法是国家的根本法，是治国安邦的总章程，任何法律和规范性文件都不得与宪法相抵触。依据宪法而制定的法律是全社会一体遵循的行动准则，任何人都不享有超越法律的特权。要注意培养依法办事的良好工作作风，切实做到办事依法、遇事找法、解决问题用法、化解矛盾靠法，在法治轨道上推动各项工作。有关部门要切实按照中央的要求，把法治建设成效作为衡量各级领导班子和领导干部工作实绩的重要内容，纳入政绩考核指标体系。把能不能遵守法律、依法办事作为考察干部的重要内容，在相同条件下，优先提拔使用法治素养好、依法办事能力强的干部。对特权思想严重、法治观念淡薄的干部要批评教育，不改正的要调离领导岗位。

（二）权力制约

权力制约是中国特色社会主义法治理念中的一项基本原则，这一原则贯穿于宪法始终，体现在各部法律之内。我国现行宪法对国家权力的设定充分体现了权力的分工与制约原则。首先，宪法明确规定国家的一切权力属于人民。其次，宪法在人民代表和国家机关及其工作人员的关系上，规定人民代表由人民选举产生，对人民负责，接受人民监督。人民有权对国家机关及其工作人员提出批评、建议、控告、检举等。最后，宪法规定国家行政机关、审判机关、检察机关都由人大产生，对它负责，受它监督。此外，我国宪法为充分保证执法机关正确执法，还明确规定了行政机关和司法机关在本系统内实行监督和制约。权力制约是法治国家的基本特征。改革开放以来，党和国家高度重视对权力的监督制约，党的十七大报告明确提出，要完善制约和监督机制，保证人民赋予的权力始终用来为人民谋利益；确保权力正确行使，必须让权力在阳光下运行；要坚持用制度管权、管事、管人，建立健全决策权、执行权、监督权既相互制约又相互协调的权力结构和运行机制。习近平总书记在首都各界纪念现行宪法公布施行30周年大会上的讲话中强调“我们要健全权力运行制约和监督体系，有权必有责，用权受监督，失职要问责，违法要追究，保证人民赋予的权力始终用来为人民谋利益。”

（三）保障人权

我们党长期注重尊重和保障人权。早在新民主主义革命时期，中国共产党就在所领导的红色革命根据地内颁布了《中华苏维埃共和国宪法大纲》《陕甘宁边区施政纲领》《陕甘宁边区宪法原则》等宪法性文件，明确规定保障人民权利的内容。抗战时期，为广泛调动一切抗日力量，各根据地人民政府普遍颁布和实施了保障人权的法令。新中国成立后的第一部宪法，就将公民的人身、经济、政治、社会、文化等方面的权利用根本大法的形式固定下来。20世纪80年代末，我们党就明确提出，社会主义中国要把人权旗帜掌握在自己手中。1991年11月1日，国务院新闻办公室向世界公布了新中国第一份《中国的人权状况》的白皮书，以政府文件的形式正面肯定了人权在中国政治发展中的地位。1997年9月，党的十五大明确提出：“共产党执政就是领导和支持人民掌握管理国家的权力，实行民主选举、民主决策、民主管理和民主监督，保证人民依法享有广泛的权利和自由，尊重和保障人权。”此后，尊重和保障人权成为了中国共产党执政的基本目标和政治体制改革与民主法制建设的一个重要内容。2004年3月，十届全国人大二次会议通过宪法修正案，首次将“人权”概念载入宪法，明确规定“国家尊重和保障人权”。至此，尊重和保障人权上升为国家的一项宪法原则，成为行政执法活动中一条不应逾越的底线。

（四）程序正当

程序正当是社会主义法治对行政活动提出的一项基本要求。具体地说，程序正当是指行政机关行使行政权力、实施行政管理时，除涉及国家秘密和依法受到保护的商业秘密、个人隐私外，都应当公开，注意听取公民、法人和其他组织的意见；要严格遵循法定程序，依法保障行政管理相对人、利害关系人的知情权、参与权和救济权。履行职责的行政机关工作人员与行政管理相对人存在利害关系时，应当回避。实践中，以保密为由拒绝向相对人提供依法应当提供的相关信息；作出行政决定没有听取相对人的意见和申辩；履行行政职责的行政机关工作人员缺乏回避意识等情况屡见不鲜。这种重实体、轻程序的现象历史上长期存在，行政机关与相对人之间更多地表现为一种命令与服从的关系。改革开放以来，尤其是在全面推进依法治国的进程中，程序正当逐步被提到了应有的位置。程序正当在许多单行法中有着明确的规定。如行政处罚法第四十二条就明确规定，行政机关作出责令停产停业、吊销许可证或者执照、较大数额罚款等行政处罚决定之前，应当告知当事人有要求举行听证的权利；当事人要求听证的，行政机关应当组织听证。党的十八届三中全会更是明确要求：“完善行政执法程序，规范执法自由裁量权，加强对行政执法的监督，全面落实行政执法责任制和执法经费由财政保障制度，做到严格规范公正文明执法。”强调程序正义，不仅在于它是法治文明进步的重要成果，而且在于程序正义的维护和实现有助于增强法律实施的可接受性。

以案释法 03

化解矛盾终究须靠法

2005年6月11日凌晨4时30分，为驱赶因征地补偿纠纷而在工地驻守阻止施工的河北省定州市某村部分村民，260余名社会闲散人员携带猎枪、棍棒、铁管、弩等工具，肆意使用暴力进场驱赶、伤害村民，造成6人死亡，15人重伤，多人轻伤、轻微伤的特别严重后果。最终，该案的组织策划者、骨干分子等主要案犯全部被抓获，共有248名犯罪嫌疑人到案。已批捕31人，刑拘131人。该案中定州市原市委书记和某等6人被判处无期徒刑，剥夺政治权利终身；其他被告人分别被判处15年至6年有期徒刑。

释解

定州“6•11”案件是因河北省有史以来投资最大的项目——国华定州发电有限公司征地而引发。国华定州发电公司是国家“十五”时期重点项目，该项目能够落户定州，是经过六届市委、市政府的艰苦努力，历时13年才争取到的。如此一个争取多年才得到的项目，之所以最终引发了特别严重的后果，固然由很多方面的原因所造成，但其中最为直接的一个原因在于，原市委书记和某面临着久拖不决的征地事件，没有“办事依法、遇事找法、解决问题用法、化解矛盾靠法”，而是轻信了“小兄弟”的承诺，适当给村民们一点教训，结果一批社会闲杂人员凌晨闯入现场，场面顿时失控。此时，尽管和某在现场曾带着哭腔劝说不能伤及村民身体要害部位，但也无力回天。事情的最终结局还是回到法律的层面上来解决，但付出了极其沉痛的代价。

二、培养法治思维和法治方式的基本途径

全面推进依法治国是国家治理领域的一场深刻革命，培养法治思维和法治方式是一项长期的系统工程。实践表明，任何一种思维方式和行为方式的养成，往往都要经历一个深入学习、深刻领会、坚定信念、反复践行、形成习惯，最后升华到品格的过程。法治思维和法治方式的培养，既是个理论问题又是个实践问题，因此更不会例外。

（一）在深入学习中提高认识

通过长期的不懈努力，一个立足中国国情和实际、适应改革开放和社会主义现代化建设需要、集中体现党和人民意志的，以宪法为统帅，以宪法相关法、民法、

商法等多个法律部门的法律为主干，由法律、行政法规、地方性法规与自治条例、单行条例等多层次法律规范构成的中国特色社会主义法律体系已经形成。这个法律体系是法治思维和法治方式的基础内容和基本遵循。因此，培养法治思维和法治方式，必须要结合实际，深入学习宪法和法律的相关规定，切实做到严格依法行使职权、履行职责。

（二）在依法履职中严守底线

党的十八届四中全会明确提出了法治建设的“五项原则”，即坚持中国共产党的领导、坚持人民主体地位、坚持法律面前人人平等、坚持依法治国和以德治国相结合、坚持从中国实际出发，从而为党员干部树立正确的法治理念指明了根本方向，提供了基本遵循。全会还明确要求“行政机关要坚持法定职责必作为，法无授权不可为”。坚持依法履行职责、法无授权不可为是依法行政的底线。行政机关的岗位职责来自于法律授权，必须要牢固树立岗位权力清单意识，在想问题、作决策和办事情中，必须严格遵循法律规则和法定程序，切实做到依法尽职、依法行权。

（三）在依法决策中化解风险

在依法治国不断深入、法律制度不断完备、法律责任日渐明晰的当今，行政机关不依法决策往往成为行政权力运行中的一大风险，成为行政机关承担法律责任、坐上被告席的一大原因。为此，党的十八届四中全会明确提出要健全依法决策机制。各级行政机关及公职人员必须强化责任意识和风险意识，严格遵守重大行政决策法定程序，采取公众参与、专家论证、风险评估、合法性审查、集体讨论决定等法定的程序和办法，确保决策内容合法、程序合法，切实有效防范因决策违法而承担的相应法律责任。

（四）在文明执法中培养品格

依法行政是文明执法的基础和保障，行政公开是文明执法的重要标志。党的十八届三中全会明确要求，“推行地方各级政府及其工作部门权力清单制度，依法公开权力运行流程。完善党务、政务和各领域办事公开制度，推进决策公开、管理公开、服务公开、结果公开”。行政机关及公职人员唯有依据相关法规制度，细化执法操作流程，明确执法权限、坚守法律底线，切实按照法定的许可、收费、检查、征收、处罚和强制等法定权限和程序要求，严格规范和监督执法行为，才能在维护人民群众切身利益的过程中，树立起人民公仆的良好形象，才能有效培养良好的法治思维和法治行为的工作作风与品格。

（五）在接受监督中展示形象

公正执法、带头守法是依法行政的生命力所在。2002年11月召开的党的十六大就明确提出了“加强对执法活动的监督，推进依法行政”。2014年召开的党的十八届四中全会更是明确要求，“必须以规范和约束公权力为重点，加大监督力度，做到有权必有责、用权受监督、违法必追究，坚决纠正有法不依、执法不严、违法不究行为”。强化行政执法监督成为推进依法行政和建设法治政府的一项重要抓手。行政机关及其公职人员在行政执法过程中，要依法自觉接受人大机关的法律监督、上级部门的组织监督、人民政协的民主监督、社会公众的群众监督、相关媒体的舆论监督，通过多种形式了解群众心声，彰显行政执法的公平公正属性，展示依法行政、法治政府的良好形象。

以案释法 04

权力不能越出制度的笼子

某市发展和改革委员会于2010年7月对10家企业作出废弃食用油脂定点回收加工单位备案，其中包括该市某化工厂和某废油脂回收处理中心。2012年11月，该市某区人民政府发出通知，明确指定该市某再生资源开发有限公司实施全区餐厨废弃物收运处理。该区城市管理局和区商务局于2014年3月发出公函，要求落实文件规定，各生猪屠宰场点必须和某再生资源开发有限公司签订清运协议，否则将进行行政处罚。某新能源有限公司对规定不服，诉至法院，请求撤销该文对某再生资源开发有限公司的指定，并赔偿损失。该市中级人民法院一审认为，被告某区政府在文件中的指定，实际上肯定了某再生资源开发有限公司在该区开展餐厨废弃物业务的资格，构成实质上的行政许可。区城市管理局和区商务局作出的公函已经表明被告的指定行为事实上已经实施。根据行政许可法相关规定，行政机关受理、审查、作出行政许可应当履行相应的行政程序，被告在作出指定前，未履行任何行政程序，故被诉行政行为程序违法。被告采取直接指定的方式，未通过招标等公平竞争的方式，排除了其他可能的市场参与者，构成通过行政权力限制市场竞争，违反了该省餐厨废弃物管理办法第十九条和反垄断法第三十二条的规定。被告为了加强餐厨废弃物处理市场监管的需要，对该市场的正常运行作出必要的规范和限制，但不应在行政公文中采取明确指定某一公司的方式。原告某新能源有限公司对其赔偿请求未提交证据证实，法院对此不予支持。遂判决撤销被告在文件中对某再生资源开发有限公司指定的行政行为，驳回原告的其他诉讼请求。一审宣判后，双方当事人均未上诉。

释解

我国法院每年办理的10余万件一审行政案件中，与经济管理和经济领域行政执法密切相关的案件占到30%以上，涉及的领域和类型也越来越丰富。本案是涉及行政垄断的典型案件。行政垄断指行政机关滥用行政权力，违法提高市场准入门槛、违法指定特定企业从事特定业务、违法设置条件限制其他企业参与竞争等行为。它侵犯了市场主体的公平竞争权，对经济活动的正常运行、商品的自由流通乃至政府的内外形象都会造成较大破坏和不利影响，我国反垄断法和反不正当竞争法对此明令禁止。本案中，该区政府在行政公文中直接指定某再生资源开发有限公司，未通过招标等公平竞争方式，排除了其他可能的市场参与者，构成通过行政权力限制市场竞争的违法情形。新修改的行政诉讼法将"滥用行政权力侵犯公平竞争权"明确纳入受案范围，就是为突出行政审判对市场正常竞争秩序的有力维护。随着法治不断进步，公民、法人等各类市场主体在运用行政诉讼法律武器依法维权、监督和规制行政垄断方面，将发挥越来越大的作用。

第四节 "谁执法谁普法"的普法责任制

2015年是全面推进依法治国的开局之年，如何让法治理念、法治思维、法治精神、法治信仰入脑入心，成为全民共识，是深入开展普法教育的关键。中共中央、国务院转发了《中央宣传部、司法部关于在公民中开展法治宣传教育的第七个五年规划（2016—2020年）》提出，实行国家机关"谁执法谁普法"的普法责任制。"谁执法谁普法"，即以法律所调整的社会关系的种类和所涉及的部门、行业为主体，充分发挥行业优势和主导作用，在抓好部门、行业内部法治宣传教育的同时，负责面向重点普法对象，面向社会宣传本部门、本行业所涉及和执行的法律法规。实行"谁执法谁普法"工作原则，是贯彻落实"七五"普法规划的重要举措，有利于充分发挥执法部门、行业职能的优势和主导作用，扩大普法依法治理工作覆盖面，增强法治宣传教育的针对性、专业性，促进执法与普法工作的有机结合，进一步加大普法工作力度，真正形成部门、行业分工负责、各司其职、齐抓共管的大普法工作格局。

一、"谁执法谁普法"是法治国家的新要求

实行国家机关"谁执法谁普法"的普法责任制，建立法官、检察官、行政执法人员、律师等以案释法制度，加强普法讲师团、普法志愿者队伍建设。执法和司法人员普法具有天然的优势。严格执法、公正司法是法治信仰最好的支撑，也是最好的普法实践。将普法与立法、司法、执法关联在一起具有重要的现实意义。法的执行力既需要靠执法机关执法办案，也要靠全民守法来实现。法的贯彻执行需要靠大家守法，守法的前提是普法，让百姓知道法律。"谁执法谁普法"体现了法治中国的新要求，凸显了执法主体对普法的重要责任。执法机关对其执法对象、执法内容、执法当中存在的问题最了解，他们开展普法也更具针对性、及时性、有效性。国家机关的工作涉及人民群众学习、生活、工作的方方面面，由执法者在为群众办事过

程中进行普法教育，更具有亲历性和普及性，更利于人民群众接受。如交警部门宣传交通法规，税务部门宣传税法，劳动保障部门宣传劳动保障的相关法律法规。

二、“谁执法谁普法”指导思想

以党的十八大和十八届三中、四中全会精神及习近平总书记系列重要讲话精神为指导，坚持围绕中心、服务大局，坚持创新形式、注重实效，坚持贴近基层、服务群众，以建立健全法治宣传教育机制为抓手，以开展“学习宪法、尊法守法”等主题活动为载体，通过深入开展法治宣传教育，充分发挥法治宣传教育在法治建设中的基础性作用，进一步形成分工负责、各司其职、齐抓共管的普法工作格局，通过实行“谁执法谁普法”教育活动，普及现有法律法规，提升执法人员的法治观念和行政执法水平，增强相关法治主体的法律意识，营造全社会关注、关心法治的浓厚氛围，推动形成自觉守法用法的社会环境，为经济建设营造良好的法治环境。

三、“谁执法谁普法”工作原则

（一）坚持执法办案与普法宣传相结合的原则

使普法宣传教育渗透执法办案全过程，利用以案释法、以案普法、以案学法等方式普及法律常识，通过文明执法促进深度普法，通过广泛普法促进文明执法。在各行业监管中，以行政执法、公众参与、以案释法为导向，形成行政执法人员以案释法工作长效机制，实行长态化普法。在执法工作中，要加大对案件当事人的法律宣传教育，只有在当事人中积极进行法律知识和典型案例的宣传，才能起到事半功倍的宣传效果，才能让广大群众更为有效地学习法律知识，才能从实际案件中学法、懂法、用法，有效维护自身权利。

（二）坚持日常宣传与集中宣传相结合的原则

各机关单位根据担负职能和工作特点，在广泛开展法治宣传的同时，以各自业务领域为主要方向，结合“宪法法律宣传月”和“3·15”“12·4”法治宣传日等特殊时段和节点。面向执法对象、服务对象和社会公众开展广泛的群众性法治宣传活动。开展各类重点突出、针对性强的集中法治宣传活动，切实增强工作的实效性。

（三）坚持上下联动和属地管理相结合的原则

强化上级部门对下级部门、主管部门对下属单位的指导，坚持市、县、乡三级联动普法。落实普法工作属地管理责任，强化地方党委政府对部门普法工作的监督考核，努力形成党委领导、人大监督、政府实施、政协支持、各部门协作配合、全社会共同参与的法治宣传教育新格局。

四、“谁执法谁普法”的主要任务

（一）切实落实普法工作责任制

“谁执法谁普法”工作责任主体要结合自身实际，将普法工作纳入全局工作统筹安排，制定切实可行的年度普法工作计划。健全完善普法领导机制，明确领导职责，加强普法办公室的建设，保证普法工作所需人员和经费。

（二）着力强化法律法规宣传教育

1. 认真开展面向社会的普法活动

结合“12·4”国家宪法日、“4·7”世界卫生日、“7·11”世界人口日等各种主题活动，通过集中宣传咨询、印发资料、LED屏滚动播出等方式，以及网站、微信、微博、广播、电视、报刊等传播平台，围绕行业普法工作重点以及群众关心的热点问题和行业执法工作的重点，开展面向大众的法治宣传教育活动。

2. 扎实做好系统内人员的法治教育

以社会主义法治理念、宪法和国家基本法律法规、依法行政以及反腐倡廉、预防职务犯罪等法律知识为重点，把法治教育与政治理论教育、理想信念教育、职业道德教育、党的优良传统和作风教育结合起来，通过集中办班、举办讲座、召开研讨交流会、组织或参加法律知识考试、自学等方式，加大系统内工作人员法治学习力度，不断增强领导干部和工作人员的法治理念、法律素养和依法行政、依法管理的能力。

（三）大力推进普法执法有机融合

寓普法于执法之中，把普法与执法紧密结合起来，使执法过程成为最生动的普法实践，大力促进普法与执法的有机融合。让法治宣传渗透执法办案的各环节、全过程，利用以案释法、现身说法等形式向社会大众传播法律、宣传法律，通过深化普法，预防违法行为，减少执法阻力，巩固执法成果。

（四）全面建立以案释法制度体系

1. 建立典型案例评选制度

以案释法是利用身边或实际生活中发生的案例诠释法律的过程，要精心筛选具有重大典型教育意义、社会关注度高、与群众关系密切的“身边的案例”“成熟的案例”“针对性强的案例”，作为释法重点。定期开展行政执法案卷质量评查活动，评选出具有行业特点且与社会大众生活健康息息相关的典型案例。

2. 建立典型案例传播制度

通过在部门网站设立以案释法专栏、免费发放典型案例宣传册等方式，以案释法、以案讲法，让公众进一步了解事实认定、法律适用的过程，了解案件审理、办结的情况。加强与新闻媒体的联系协调，推动落实新闻媒体的公益普法责任，充分发挥新闻媒体的法治传播作用。探索与媒体合作举办以案释法类节目，邀请媒体参与执法，积极引导社会法治风尚，增强法治宣传的传播力和影响力。

3. 建立以案释法公开告知制度

在执法过程中，即时告知执法的法律依据，让行政相对人充分了解有关法律规定，知晓自身行为的违法性、应受到的处罚以及维权救济途径。有针对性地分行业定期举办执法相对人法律法规知识培训，通过强化岗前培训、岗位复训、分层培训，切实提高从业人员自身素质和法治意识。与社区合作，通过举办法治讲座、法律讲堂和开展送法进社区等形式，深入浅出地宣传法律及执法情况，释疑解惑，为各类普法对象宣讲典型案例，以身边人说身边事，用身边事教育身边人，推动法治宣传教育贴近基层、贴近百姓、贴近生活。

五、“谁执法谁普法”的工作要求

（一）高度重视，提高认识

充分认识法治宣传教育对全面推进法治建设的重要意义，实行国家机关“谁执法谁普法”的普法责任制是党的十八届四中全会提出的推动全社会树立法治意识的重要举措，也是推动“七五”普法决议落实、全面完成“七五”普法规划的工作要求。要充分认识开展这项工作的重要性和艰巨性，坚持把全民普法和守法作为依法治国的长期基础性工作，常抓不懈，把落实普法责任作为一项基本的职能工作。

（二）加强领导，明确责任

“谁执法谁普法”是一项涉及面广、工作要求高的系统工程，各单位和部门应按照中央的要求，切实加强对“谁执法谁普法”工作的组织领导，具体抓好落实。要明确工作目标、细化工作方案、创新工作举措、落实工作责任，确保“谁执法谁普法”工作落到实处，见到实效。

（三）创新模式，增强实效

充分发挥主导作用和职能优势，全面结合职责范围、行业特点、普法对象的实际情况和依法治理需要及社会热点，及时跟进相关法律法规的重点宣传。发挥广播、电视、报刊、网络和移动通讯等大众媒体的重要作用，用群众喜闻乐见、寓教于乐的形式突出以案释法、以案普法等，通过多种形式创新开展有特色、有影响、有实效的法治宣传。

（四）强化考核，落实责任

将“谁执法谁普法”工作落实情况纳入依法治理的目标绩效考核，同时对普法宣传工作进行督查，对采取措施不得力、工作不到位、目标未完成的单位予以督促并统一纳入年终考核评价体系，对工作突出的先进集体和先进个人予以表扬。

第二章

宪　法

导读

宪法是国家的根本大法。它规定了社会各阶级在国家中的地位，是新时期党和国家的中心工作、基本原则、重大方针、重要政策在国家法制上的最高体现，是国家的根本法和治国安邦的总章程。

我国现行宪法符合国情、符合实际、符合时代发展要求，充分体现了人民共同意志、充分保障了人民民主权利、充分维护了人民根本利益，是推动国家发展进步、保障人民生活幸福、保障中华民族实现伟大复兴的根本制度。

宪法具有最高的法律效力，任何组织和个人都必须尊重宪法法律权威，都必须在宪法法律范围内活动，都必须依照宪法法律行使权力或权利、履行职责或义务，都不得有超越宪法法律的特权。

第一节　概述

一、宪法是国家的根本大法

宪法是规定国家根本制度和根本任务，规定国家机关的组织与活动的基本原则，确认和保障公民基本权利，集中表现各种政治力量对比关系的国家根本法。

宪法的根本性表现在以下四个方面：

第一，在内容上，宪法规定国家的根本制度、政权组织形式、国家结构形式、公民基本权利和基本义务、宪法实施的保障等内容，反映一个国家政治、经济、文化和社会生活的基本方面。

第二，在效力上，宪法在整个法律体系中处于最高的地位，具有最高效力。它是其他法律的立法依据，其他的一般法律都不得抵触宪法。

第三，在规范性上，宪法是各政党、一切国家机关、武装力量、社会团体和全体公民的最根本的行为准则。

第四，在修改程序上，宪法的制定和修改程序比其他一般法律的程序更为严格。

二、我国宪法的地位

中华人民共和国成立后，国家先后颁行了四部宪法。我国的现行宪法是在1982年通过的，至今已经进行了四次修改。

宪法以法律的形式确认了我国各族人民奋斗的成果，规定了国家的根本制度、根本任务和国家生活中最重要的原则，具有最大的权威性和最高的法律效力。全国各族人民、一切国家机关和武装力量、各政党和各社会团体、各企业事业组织，都必须以宪法为根本的活动准则，并负有维护宪法尊严、保证宪法实施的职责。作为根本法的宪法，是中国特色社会主义法律体系的重要组成部分，也是法律体系最核心和最重要的内容。

三、宪法的指导思想

宪法指导思想的明确，经历了一个逐步发展完善的过程。

第一阶段：四项基本原则。

1982年现行宪法制定，确立宪法的指导思想是四项基本原则，即坚持社会主义道路，坚持人民民主专政，坚持中国共产党的领导，坚持马克思列宁主义、毛泽东思想。

第二阶段：建设有中国特色社会主义的理论和党的基本路线。

1993年第二次修宪，以党的十四大精神为指导，突出了建设有中国特色社会主义的理论和党的基本路线。

第三阶段：增加邓小平理论。

1999年第三次修宪，将邓小平理论写入宪法，确立邓小平理论在国家中的指导思想地位。

第四阶段：增加“三个代表”重要思想。

2004年第四次修宪，将“三个代表”重要思想载入宪法，确立其在国家中的指导思想地位。

四、宪法基本原则

（一）人民主权原则

宪法第二条第一款规定：“中华人民共和国的一切权力属于人民。”“一切权力属于人民”是无产阶级在创建无产阶级政权过程中，在批判性地继承资产阶级民主思想的基础上，对人民主权原则的创造性运用和发展。

（二）基本人权原则

我国宪法第二章“公民的基本权利和义务”专章规定和列举了公民的基本权利，

体现了对公民的宪法保护。2004年的宪法修正案把“国家尊重和保障人权”写入宪法，将中国的宪政发展向前推进了一大步。

（三）法治原则

宪法第五条第一款规定了“中华人民共和国实行依法治国，建设社会主义法治国家”，在宪法上正式确立了法治原则。宪法还规定，一切国家机关和武装力量、各政党和各社会团体、各企业事业组织都必须遵守宪法和法律；一切违反宪法和法律的行为，必须予以追究；任何组织和个人都不得有超越宪法和法律的特权。

（四）民主集中制原则

宪法第三条第一款规定：“中华人民共和国的国家机构实行民主集中制的原则。”这既是我国国家机构的组织和活动原则，也是我国宪法的基本原则。

五、宪法确定的国家根本任务

宪法确定的国家的根本任务是：沿着中国特色社会主义道路，集中力量进行社会主义现代化建设。中国各族人民将继续在中国共产党领导下，在马克思列宁主义、毛泽东思想、邓小平理论和“三个代表”重要思想指引下，坚持人民民主专政，坚持社会主义道路，坚持改革开放，不断完善社会主义的各项制度，发展社会主义市场经济，发展社会主义民主，健全社会主义法制，自力更生，艰苦奋斗，逐步实现工业、农业、国防和科学技术的现代化，推动物质文明、政治文明和精神文明协调发展，把我国建设成为富强、民主、文明的社会主义国家。

以案释法 05

一切违反宪法和法律的行为都必须予以追究

2014年8月12日凌晨，公安分局民警在处理一起纠纷案件时，发现人大代表张某涉嫌酒后驾车。随后，前来处理的松江交警支队民警对其进行酒精呼气测试，结果为136毫克/100毫升。另经司法鉴定中心检验和鉴定，张某的血液中乙醇浓度为1.25mg/mL，达到了醉酒状态。经过侦查，张某涉嫌危险驾驶，公安分局决定对张某采取刑事强制措施。由于张某有县人大代表的身份，8月14日，公安分局向该县人大常委会发去关于提请批准对涉嫌危险驾驶罪的县人大代表张某采取刑事拘留强制措施的函。10月24日，县十六届人大常委会二十五次会议听取和审议了关于提请许可对县第十六届人大代表张某采取刑事拘留强制措施并暂停其执行代表职务的议案，并依法进行表决。常委会组成人员21名，实到会17名，表决结果：赞成8票，反对1票，弃权8票。因票数未过常委会组成人员的半数，该议案未获通过。11月27日，警方再次提出对张某采取刑事拘留强制措施的申请，该县人大常委会会议审议通过了再次提请的议案，许可公安分局对张某采取刑事拘留强制措施，并从当日起暂时停止其执行代表职务。

释解

宪法第五条第四款规定："一切国家机关和武装力量、各政党和各社会团体、各企业事业组织都必须遵守宪法和法律。一切违反宪法和法律的行为，必须予以追究。"在我国，任何组织或者个人都不得有超越宪法和法律的特权。从人大代表履职需要出发，我国相关法律赋予人大代表以特别的人身保障权，但法律保护的是人大代表的合法权益而不是违法行为。人大代表身份不能成为违法犯罪行为的"护身符"，本案的侦办体现了"一切违反宪法和法律的行为，必须予以追究"的宪法规定在司法实践中得到严格执行。

第二节　我国的基本政治经济制度

一、我国的基本政治制度

（一）人民民主专政

宪法所称的国家性质又称国体，是指国家的阶级本质，反映社会各阶级在国家中的地位，体现该国社会制度的根本属性。

我国宪法第一条第一款规定"中华人民共和国是工人阶级领导的、以工农联盟为基础的人民民主专政的社会主义国家"，即人民民主专政是我国的国体。这一国体需要从以下方面理解：

第一，工人阶级的领导是人民民主专政的根本标志。工人阶级的领导地位是由工人阶级的特点、优点和担负的伟大历史使命所决定的。工人阶级对国家的领导是通过自己的先锋队——中国共产党来实现的。

第二，人民民主专政包括对人民实行民主和对敌人实行专政两个方面。在人民内部实行民主是实现对敌人专政的前提和基础，而对敌人实行专政又是人民民主的有力保障，两者是辩证统一的关系。人民民主专政实质上就是无产阶级专政。

第三，共产党领导下的多党合作与爱国统一战线是中国人民民主专政的主要特色。爱国统一战线是指由中国共产党领导的，由各民主党派参加的，包括社会主义劳动者、社会主义事业的建设者、拥护社会主义的爱国者和拥护祖国统一的爱国者组成的广泛的政治联盟。目前我国爱国统一战线的任务是为社会主义现代化建设服务，为实现祖国统一大业服务，为维护世界和平服务。

（二）人民代表大会制度

人民代表大会制度是中国人民民主专政的政权组织形式（政体），是中国的根本政治制度。

1. 人民代表大会制度的主要内容

国家的一切权力属于人民。人民行使国家权力的机关是全国人大和地方各级人大。各级人大都由民主选举产生，对人民负责，受人民监督。人大及其常委会集体行使国家权力，集体决定问题，严格按照民主集中制的原则办事。国家行政机关、审判机关、检察机关都由人大产生，对它负责，向它报告工作，受它监督。全国人大是最高国家权力机关，地方各级人大是地方国家权力机关。全国人大和地方各级人大各自按照法律规定的职权，分别审议决定全国的和地方的大政方针。全国人大对地方人大不是领导关系，而是法律监督关系、选举指导关系和工作联系关系。

2. 人民代表大会制度的优越性

人民代表大会制度是适合我国国情的根本政治制度，它直接体现我国人民民主专政的国家性质，是建立我国其他国家管理制度的基础。它有利于保证国家权力体现人民的意志；它有利于保证中央和地方国家权力的统一；它有利于保证我国各民族的平等和团结。

总之，我国人民代表大会制度能够确保国家权力掌握在人民手中，符合人民当家作主的宗旨，适合我国的国情。

（三）中国共产党领导的多党合作和政治协商制度

中国共产党领导的多党合作和政治协商制度是中华人民共和国的一项基本的政治制度，是具有中国特色的政党制度。这种政党制度是由中国人民民主专政的国家性质决定的。

1. 多党合作制度的基本内容

中国共产党是执政党，各民主党派是参政党，中国共产党和各民主党派是亲密战友。中国共产党是执政党，其执政的实质是代表工人阶级及广大人民掌握人民民主专政的国家政权。各民主党派是参政党，具有法律规定的参政权。其参政的基本点是：参加国家政权，参与国家大政方针和国家领导人人选的协商，参与国家事务的管理，参与国家方针、政策、法律、法规的制定和执行。中国共产党和各民主党派合作的首要前提和根本保证是坚持中国共产党的领导和坚持四项基本原则。中国共产党与各民主党派合作的基本方针是“长期共存，互相监督，肝胆相照，荣辱与共”。中国共产党和各民主党派以宪法和法律为根本活动准则。

2. 多党合作的重要机构

中国人民政治协商会议，简称“人民政协”或“政协”，是中国共产党领导的多党合作和政治协商的重要机构，也是中国人民爱国统一战线组织。中国人民政治协商会议是在中国共产党领导下，由中国共产党、各个民主党派、无党派民主人士、人民团体、各少数民族和各界的代表，台湾同胞、港澳同胞和归国侨胞的代表，以及特别邀请的人士组成，具有广泛的社会基础。

人民政协的性质决定了它与国家机关的职能是不同的。人民政协围绕团结和民主两大主题履行政治协商、民主监督和参政议政的职能。

（四）民族区域自治制度

民族区域自治制度，是指在国家统一领导下，各少数民族聚居的地方实行区域自治，设立自治机关，行使自治权的制度。

1. 自治机关

民族自治地方按行政地位，分为自治区、自治州、自治县。自治区相当于省级行政单位，自治州是介于自治区与自治县之间的民族自治地方，自治县相当于县级行政单位。民族自治地方的自治机关是自治区、自治州、自治县的人大和人民政府。民族自治地方的自治机关实行人民代表大会制度。

2. 自治权

民族自治地方的自治权有以下几个方面：

（1）民族立法权。民族自治地方的人大有权依照当地的政治、经济和文化的特点，制定自治条例和单行条例。

（2）变通执行权。上级国家机关的决议、决定、命令和指标，如果不适合民族自治地方实际情况，自治机关可以报经上级国家机关批准，变通执行或者停止执行。

（3）财政经济自主权。凡是依照国家规定属于民族自治地方的财政收入，都应当由民族自治地方的自治机关自主安排使用。

（4）文化、语言文字自主权。民族自治地方的自治机关在执行公务的时候，依照本民族自治地方自治条例的规定，使用当地通用的一种或者几种语言文字。

（5）组织公安部队权。民族自治地方的自治机关依照国家的军事制度和当地的实际需要，经国务院批准，可以组织本地方维护社会治安的公安部队。

（6）少数民族干部具有任用优先权。

（五）基层群众自治制度

基层群众自治制度是指人民依法组成基层自治组织，行使民主权利，管理基层公共事务和公益事业，实行自我管理、自我服务、自我教育、自我监督的一项制度。

中国的基层群众自治制度，是在新中国成立后的民主实践中逐步形成的。党的十七大将“基层群众自治制度”首次写入党代会报告，正式与人民代表大会制度、中国共产党领导的多党合作和政治协商制度、民族区域自治制度一起，纳入了中国特色政治制度范畴。

我国的基层群众自治组织主要是居民委员会和村民委员会。

二、我国的基本经济制度

（一）所有制度

1. 我国的所有制结构概述

我国的所有制结构是公有制为主体、多种所有制经济共同发展。这是我国社会主义初级阶段的一项基本经济制度，它的确立是由我国的社会主义性质和初级阶段的国情决定的。我国是社会主义国家，必须坚持把公有制作为社会主义经济制度的基础。我国处在社会主义初级阶段，需要在公有制为主体的条件下发展多种所有制经济。一切符合“三个有利于”的所有制形式都可以而且应该用来为社会主义服务。我国社会主义建设正反两方面的经验都表明必须坚持以公有制为主体、多种所有制经济共同发展。

2. 公有制

（1）公有制的内容。公有制是生产资料归劳动者共同所有的所有经济结构形式，包括全民所有制和集体所有制。全民所有制经济即国有经济，是国民经济的主导力量。国家保障国有经济的巩固和发展。集体所有制经济是国民经济的基础力量。国家保护城乡集体经济组织的合法的权利和利益，鼓励、指导和帮助集体经济的发展。

（2）公有制的地位。公有制是我国所有制结构的主体，它的主体地位体现在：第一，就全国而言，公有资产在社会总资产中占优势；第二，国有经济控制国民经济的命脉，对经济发展起主导作用。国有经济的主导作用主要体现在控制力上，即体现在控制国民经济发展方向，控制经济运行的整体态势，控制重要稀缺资源的能力上。在关系国民经济的重要行业和关键领域，国有经济必须占支配地位。

（3）公有制的作用。生产资料公有制是社会主义经济的根本特征，是社会主义经济制度的基础，是国家引导、推动经济和社会发展的基本力量，是实现最广大人民群众根本利益和共同富裕的重要保证。坚持公有制为主体，国有经济控制国民经济命脉，对发挥社会主义制度的优越性，增强我国的经济实力、国防实力和民族凝聚力，提高我国国际地位，具有关键性作用。

3. 非公有制

非公有制经济是我国现阶段除了公有制经济形式以外的所有经济结构形式，主要包括个体经济、私营经济、外资经济等。

（1）个体经济，是由劳动者个人或家庭占有生产资料，从事个体劳动和经营的所有制形式。它是以劳动者自己劳动为基础，劳动成果直接归劳动者所有和支配。

（2）私营经济，是以生产资料私有和雇佣劳动为基础，以取得利润为目的的所有制形式。

（3）外资经济，是我国发展对外经济关系，吸引外资建立起来的所有制形式。

它包括中外合资经营企业、中外合作经营企业中的境外资本部分，以及外商独资企业。

非公有制经济是我国社会主义市场经济的重要组成部分，国家保护个体经济、私营经济等非公有制经济的合法权利和利益，鼓励、支持和引导非公有制经济的发展，并对非公有制经济依法实行监督和管理。

（二）分配制度

我国现行的分配制度是以按劳分配为主体、多种分配方式并存的分配制度。这种分配制度是由我国社会主义初级阶段的生产资料所有制结构、生产力的发展水平，以及人们劳动差别的存在决定的，同时也是发展社会主义市场经济的客观要求。

按劳分配的主体地位表现在：（1）全社会范围的收入分配中，按劳分配占最大比重，起主要作用；（2）公有制经济范围内劳动者总收入中，按劳分配收入是最主要的收入来源。除了按劳分配以外，其他分配方式主要还包括按经营成果分配；按劳动、资本、技术、土地等其他生产要素分配。

第三节 公民的基本权利和义务

一、公民的基本权利

公民的基本权利是由一国的宪法规定的公民享有的，主要的、必不可少的权利，故有些国家又把公民的基本权利称为宪法权。

（一）平等权

宪法第三十三条第二款规定："中华人民共和国公民在法律面前一律平等。"这既是我国社会主义法治的一项重要原则，也是我国公民的一项基本权利。其含义有以下几点：第一，我国公民不分民族、种族、性别、职业、家庭出身、宗教信仰、教育程度、财产状况、居住期限，一律平等地享有宪法和法律规定的权利并平等地承担相应的义务；第二，国家机关对公民平等权利进行保护，对公民履行义务平等进行约束；第三，所有公民在适用法律上一律平等，不允许任何组织和个人有超越宪法和法律之上的特权；第四，法律面前一律平等还包括民族平等和男女平等。

（二）政治权利和自由

1. 选举权与被选举权

宪法第三十四条规定："中华人民共和国年满十八周岁的公民，不分民族、种族、性别、职业、家庭出身、宗教信仰、教育程度、财产状况、居住期限，都有选举权和被选举权；但是依照法律被剥夺政治权利的人除外。"选举权与被选举权包含以下内容：公民有权按照自己的意愿选举人民代表；公民有被选举为人民代表的权利；

公民有依照法定程序罢免那些不称职的人民代表的权利。

选举权和被选举权是公民参加国家管理的一项最基本的政治权利，也是最能体现人民群众当家作主的一项权利。

2. 言论、出版、集会、结社、游行、示威的自由

宪法第三十五条规定："中华人民共和国公民有言论、出版、集会、结社、游行、示威的自由。"言论自由就是宪法规定公民通过口头或书面形式表达自己意见的自由。出版自由是公民以出版物形式表达其思想和见解的自由。集会自由是指公民享有宪法赋予的聚集在一定场所商讨问题或表达意愿的自由。结社自由是公民为一定宗旨，依照法定程序组织或参加具有连续性的社会团体的自由。游行自由是指公民采取列队行进的方式来表达意愿的自由。示威自由是指通过集会或游行、静坐等方式表达强烈意愿的自由。

我国宪法一方面保障公民享有集会、游行、示威等自由，另一方面也规定了公民应当遵守有关的法律规定。

（三）宗教信仰自由

宪法第三十六条第一款规定："中华人民共和国公民有宗教信仰自由。"尊重和保护宗教信仰自由，是我们党和国家长期的基本政策。

（四）人身自由

宪法第三十七条规定："中华人民共和国公民的人身自由不受侵犯。任何公民，非经人民检察院批准或者决定或者人民法院决定，并由公安机关执行，不受逮捕。禁止非法拘禁和以其他方法非法剥夺或者限制公民的人身自由，禁止非法搜查公民的身体。"

人身自由有广义、狭义之分。狭义的人身自由是指公民的身体自由不受侵犯。广义的人身自由还包括公民的人格尊严不受侵犯、公民的住宅不受侵犯、公民的通信自由和通信秘密受法律保护。

人身自由不受侵犯，是公民最起码、最基本的权利，是公民参加各种社会活动和享受其他权利的先决条件。

（五）监督权

监督权是指宪法赋予公民监督国家机关及其工作人员的活动的权利，包括：

批评权。公民有对国家机关和国家工作人员工作中的缺点和错误提出批评意见的权利。

建议权。公民有对国家机关和国家工作人员的工作提出合理化建议的权利。

控告权。公民对任何国家机关和国家工作人员的违法失职行为有向有关机关进行揭发和指控的权利。

检举权。公民对于违法失职的国家机关和国家工作人员，有向有关机关揭发事

实，请求依法处理的权利。

申诉权。公民的合法权益因行政机关或司法机关作出的错误的、违法的决定或裁判，或者因国家工作人员的违法失职行为而受到侵害时，有向有关机关申诉理由、要求重新处理的权利。

（六）社会经济权利

劳动权。劳动权是指有劳动能力的公民有获得工作并取得相应报酬的权利。

休息权。休息权是为保护劳动者的身体健康和提高劳动效率而休息的权利。

退休人员生活保障权。退休人员生活保障权是指退休人员的生活受到国家和社会保障的权利。

获得物质帮助权。获得物质帮助权是指公民在年老、疾病或者丧失劳动能力的情况下，有从国家和社会获得物质帮助的权利。

（七）文化教育权利

公民有受教育的权利。公民享有从国家接受文化教育的机会和获得受教育的物质帮助的权利。

公民有进行科研、文艺创作和其他文化活动的自由。我国宪法规定，公民有进行科学研究、文学艺术创作和其他文化活动的自由。国家对于从事教育、科学、技术、文学、艺术和其他文化事业的公民的有益于人民的创造性工作，给予鼓励和帮助。

（八）对社会特定人的权利的保护

国家保护妇女的权利和利益。宪法第四十八条规定："中华人民共和国妇女在政治的、经济的、文化的、社会的和家庭的生活等各方面享有同男子平等的权利。国家保护妇女的权利和利益，实行男女同工同酬，培养和选拔妇女干部。"

婚姻、家庭、老人和儿童受国家的保护。宪法第四十九条规定，婚姻、家庭、母亲和儿童受国家的保护；禁止破坏婚姻自由，禁止虐待老人、妇女和儿童。

国家保护华侨、归侨和侨眷的权利和利益。宪法第五十条规定："中华人民共和国保护华侨的正当的权利和利益，保护归侨和侨眷的合法的权利和利益。"

二、公民的基本义务

宪法规定的公民基本义务包括：

第一，维护国家统一和各民族团结的义务。宪法第五十二条规定："中华人民共和国公民有维护国家统一和全国各民族团结的义务。"

第二，遵纪守法和尊重社会公德的义务。宪法第五十三条规定："中华人民共和国公民必须遵守宪法和法律，保守国家秘密，爱护公共财产，遵守劳动纪律，遵守公共秩序，尊重社会公德。"

第三，维护祖国的安全、荣誉和利益的义务。宪法第五十四条规定："中华人民共和国公民有维护祖国的安全、荣誉和利益的义务，不得有危害祖国的安全、荣誉和利益的行为。”

第四，保卫祖国，依法服兵役和参加民兵组织。宪法第五十五条规定：“保卫祖国，抵抗侵略是中华人民共和国每一个公民的神圣职责。依照法律服兵役和参加民兵组织是中华人民共和国公民的光荣义务。”

第五，依法纳税的义务。宪法第五十六条规定：“中华人民共和国公民有依照法律纳税的义务。”

第六，其他义务。宪法规定的公民基本义务还包括：劳动的义务、受教育的义务、夫妻双方有实行计划生育的义务、父母有抚养教育未成年子女的义务以及成年子女有赡养扶助父母的义务等。

第四节　国家机构的设置及功能

一、国家机构的概述

国家机构是国家为了实现其职能而建立起来的国家机关的总和。我国国家机构由权力机关、行政机关、军事机关、审判机关、检察机关组成。我国国家机构的组织和活动有五大原则：一是民主集中制原则；二是联系群众，为人民服务原则；三是社会主义法治原则；四是责任制原则；五是精简和效率原则。

二、权力机关

（一）全国人大及其常委会

1. 全国人大

全国人大是全国最高的权力机关、立法机关，不只是在权力机关中的地位最高，而且在所有的国家机关中地位最高。全国人大由省、自治区、直辖市、特别行政区和军队选出的代表组成。各少数民族都应当有适当名额的代表。全国人大每届任期五年。

全国人大的主要职权：

立法权。修改宪法，制定和修改刑事、民事、国家机构的和其他的基本法律。

任免权。选举、决定和任免最高国家机关领导人和有关组成人员。

决定权。决定国家重大事务。

监督权。监督宪法和法律的实施，监督最高国家机关的工作。

2. 全国人大常委会

全国人大常委会是全国人大的常设机关，是最高国家权力机关的组成部分，在全国人大闭会期间，行使最高国家权力。全国人大常委会对全国人大负责并报告工作。全国人大选举并有权罢免全国人大常委会的组成人员。全国人大常委会每届任期同全国人大每届任期相同，它行使职权到下届全国人大选出新的常委会为止。

（二）地方各级人大及人大常委会

地方各级人大是地方权力机关。省、直辖市、自治区、县、市、市辖区、乡、民族乡、镇设立人大。县级以上的地方各级人大设立常委会，作为本级人大的常设机关。县级以上地方各级人大及其常委会委员每届任期五年。

（三）民族自治地方各级人大及人大常委会

民族自治地方的权力机关是自治区、自治州、自治县的人民代表大会。

民族自治地方的人民代表大会有权依照当地民族的政治、经济和文化的特点，制定自治条例和单行条例。自治区的自治条例和单行条例，报全国人民代表大会常务委员会批准后生效。自治州、自治县的自治条例和单行条例，报省或者自治区的人民代表大会常务委员会批准后生效，并报全国人民代表大会常务委员会备案。

三、国家主席

国家主席是我国国家机构体系中的一个国家机关，和全国人大常委会结合起来行使国家职权，对外代表中华人民共和国。

国家主席、副主席，由全国人大选举产生，任期是五年，连续任期不得超过两届。

国家主席根据全国人民代表大会的决定和全国人民代表大会常务委员会的决定，公布法律，任免国务院总理、副总理、国务委员、各部部长、各委员会主任、审计长、秘书长，授予国家的勋章和荣誉称号，发布特赦令，宣布进入紧急状态，宣布战争状态，发布动员令。

国家主席代表中华人民共和国进行国事活动，接受外国使节；根据全国人民代表大会常务委员会的决定，派遣和召回驻外全权代表，批准和废除同外国缔结的条约和重要协定。

四、行政机关

（一）国务院

国务院即中央人民政府，是国家最高行政机关，是国家最高权力机关的执行机关，统一领导全国各级行政机关的工作。

国务院由总理、副总理、国务委员、各部部长、各委员会主任、审计长、秘书长组成，国务院组成人员的任期为五年，总理、副总理、国务委员的连续任期不得超过两届。

国务院向全国人大及其常委会负责并报告工作，总理领导国务院的工作，副总理、国务委员协助总理工作。

国务院行使以下职权：第一，根据宪法和法律，规定行政措施，制定行政法规，发布决定和命令；第二，向全国人民代表大会或者全国人民代表大会常务委员会提出议案；第三，规定各部和各委员会的任务和职责，统一领导各部和各委员会的工作，并且领导不属于各部和各委员会的全国性的行政工作；第四，统一领导全国地方各级国家行政机关的工作，规定中央和省、自治区、直辖市的国家行政机关的职权的具体划分；第五，编制和执行国民经济和社会发展计划和国家预算；第六，领导和管理经济工作和城乡建设；第七，领导和管理教育、科学、文化、卫生、体育和计划生育工作；第八，领导和管理民政、公安、司法行政和监察等工作；第九，管理对外事务，同外国缔结条约和协定；第十，领导和管理国防建设事业；第十一，领导和管理民族事务，保障少数民族的平等权利和民族自治地方的自治权利；第十二，保护华侨的正当的权利和利益，保护归侨和侨眷的合法的权利和利益；第十三，改变或者撤销各部、各委员会发布的不适当的命令、指示和规章；第十四，改变或者撤销地方各级国家行政机关的不适当的决定和命令；第十五，批准省、自治区、直辖市的区域划分，批准自治州、县、自治县、市的建置和区域划分；第十六，依照法律规定决定省、自治区、直辖市的范围内部分地区进入紧急状态；第十七，审定行政机构的编制，依照法律规定任免、培训、考核和奖惩行政人员；第十八，全国人民代表大会和全国人民代表大会常务委员会授予的其他职权。

（二）地方各级人民政府

地方各级人民政府是地方国家行政机关，也是地方各级人大的执行机关。地方各级人民政府对本级人大和上一级国家行政机关负责并报告工作。县级以上的地方各级人民政府在本级人大闭会期间，对本级人大常委会负责并报告工作。地方各级人民政府都受国务院统一领导，负责组织和管理本行政区域的各项行政事务。

（三）民族自治地方各级人民政府

民族自治地方的行政机关是自治区、自治州、自治县的人民政府。民族自治地方各级人民政府行使宪法规定的地方各级人民政府的职权，同时依照宪法、民族区域自治法和其他法律规定的权限行使自治权，根据本地方实际情况贯彻执行国家的法律、政策。

五、军事机关

中央军委是中国共产党领导下的最高军事领导机关，统率全国武装力量（解放军、武装警察部队、民兵、预备役）。

中央军委由主席、副主席、委员组成，实行主席负责制。主席由全国人大选举产生，副主席和委员根据主席的提名由大会决定，大会闭会期间由人大常委会决定。中央军委的委员每届任期五年，主席和副主席可以终身任职。

中央军委实行主席负责制，军委主席直接对全国人大及其常委会负责。

六、审判机关

人民法院是国家的审判机关，依法独立行使审判权，不受行政机关、团体和个人的非法干预。人民法院体系由最高人民法院、地方人民法院（高级人民法院、中级人民法院、基层人民法院）、专门人民法院（军事法院、海事法院、铁路运输法院）构成。

最高人民法院是国家最高的审判机关，地方人民法院是地方的审判机关，专门人民法院是专门审判机关。最高人民法院监督地方各级人民法院和专门人民法院的审判工作，上级人民法院监督下级人民法院的审判工作。

最高人民法院对全国人大和全国人大常委会负责。地方各级人民法院对产生它的国家权力机关负责。

最高人民法院由院长、副院长、庭长、副庭长、审判员等若干人组成。最高人民法院的院长由全国人大选举产生，任期五年，连任不得超过两届。

七、检察机关

人民检察院是国家的法律监督机关，依法独立行使检察权，不受行政机关、社会团体和个人的干涉。

人民检察院体系由最高人民检察院、地方人民检察院和专门人民检察院构成。

最高人民检察院是最高法律监督机关，领导地方各级人民检察院和专门人民检察院的工作，上级人民检察院领导下级人民检察院的工作。

最高人民检察院对全国人大及其常委会负责。地方各级人民检察院对产生它的国家权力机关和上级人民检察院负责。

全国人大选举产生最高人民检察院检察长；根据最高人民检察院检察长的提请，全国人大常委会任免最高人民检察院副检察长、检察员、检察委员会委员和军事检察院检察长，并且批准省、自治区、直辖市的人民检察院检察长的任免。

第五节　国家宪法日和宪法宣誓制度

一、国家宪法日

（一）国家宪法日的设立

党的十八届四中全会通过的《中共中央关于全面推进依法治国若干重大问题的决定》提出，将每年12月4日定为国家宪法日。2014年11月1日，十二届全国人大常委会十一次会议通过的《全国人民代表大会常务委员会关于设立国家宪法日的决定》，正式将12月4日设立为国家宪法日；决定在宪法日，国家通过多种形式开展宪法宣传教育活动。

（二）国家宪法日的设立目的及意义

宪法是国家的根本法，是治国安邦的总章程，具有最高的法律地位、法律权威和法律效力。全面贯彻实施宪法，是全面推进依法治国、建设社会主义法治国家的首要任务和基础性工作。全国各族人民、一切国家机关和武装力量、各政党和各社会团体、各企业事业组织，都必须以宪法为根本的活动准则，并且负有维护宪法尊严、保证宪法实施的职责。任何组织或者个人都不得有超越宪法和法律的特权，一切违反宪法和法律的行为都必须予以追究。国家宪法日设立的目的，是为了增强全社会的宪法意识，弘扬宪法精神，加强宪法实施，全面推进依法治国。设立国家宪法日，有助于树立宪法权威，维护宪法尊严；有助于普及宪法知识，增强全社会宪法意识，弘扬宪法精神；有助于扩大宪法实施的群众基础，加强宪法实施的良好氛围，弘扬中华民族的宪法文化。

二、宪法宣誓制度

（一）宪法宣誓制度的确立及意义

2015年7月1日，十二届全国人大常委会十五次会议通过了《全国人民代表大会常务委员会关于实行宪法宣誓制度的决定》，以国家立法形式确立了我国的宪法宣誓制度，该决定自2016年1月1日起施行。决定指出：宪法是国家的根本法，是治国安邦的总章程，具有最高的法律地位、法律权威和法律效力。国家工作人员必须树立宪法意识，恪守宪法原则，弘扬宪法精神，履行宪法使命。宪法宣誓制度的确立及实行，具有非常重要的意义。

实行宪法宣誓制度有利于树立宪法权威；有利于增强国家工作人员的宪法观念，激励和教育国家工作人员忠于宪法、遵守宪法、维护宪法。宪法宣誓仪式是庄严神圣的，宣誓人员通过感受宪法的神圣，铭记自己的权力来源于人民、来源于宪法，在履行职务时就可以严格按照宪法的授权行使职权，发现违反宪法的行为就能够坚决地捍卫宪法、维护宪法。实行宪法宣誓制度也有利于在全社会增强宪法意识。通过宪法宣誓活动，可以强化全体公民对宪法最高法律效力、最高法律权威、最高法律地位的认识，可以提高全体社会成员自觉遵守宪法，按照宪法规定行使权利和履行义务的能力。

（二）宪法宣誓制度的适用主体

根据《全国人民代表大会常务委员会关于实行宪法宣誓制度的决定》的规定，宪法宣誓制度的适用主体主要有：各级人大及县级以上各级人大常委会选举或者决定任命的国家工作人员，以及各级人民政府、人民法院、人民检察院任命的国家工作人员。

全国人大选举或者决定任命的国家主席、副主席，全国人大常委会委员长、副委员长、秘书长、委员，国务院总理、副总理、国务委员、各部部长、各委员会主任、中国人民银行行长、审计长、秘书长，中央军委主席、副主席、委员，最高人民法院院长，最高人民检察院检察长，以及全国人大专门委员会主任委员、副主任委员、委员等，在依照法定程序产生后，进行宪法宣誓。在全国人大闭会期间，全国人大常委会任命或者决定任命的全国人大专门委员会个别副主任委员、委员，国务院部长、委员会主任、中国人民银行行长、审计长、秘书长，中央军委副主席、委员，在依照法定程序产生后，进行宪法宣誓。全国人大常委会任命的全国人大常委会副秘书长，全国人大常委会工作委员会主任、副主任、委员，全国人大常委会代表资格审查委员会主任委员、副主任委员、委员等，在依照法定程序产生后，进行宪法宣誓。以上宣誓仪式由全国人大常委会委员长会议组织。

全国人大常委会任命或者决定任命的最高人民法院副院长、审判委员会委员、庭长、副庭长、审判员和军事法院院长，最高人民检察院副检察长、检察委员会委员、检察员和军事检察院检察长，国家驻外全权代表，在依照法定程序产生后，进行宪法宣誓。宣誓仪式由最高人民法院、最高人民检察院、外交部分别组织。

国务院及其各部门、最高人民法院、最高人民检察院任命的国家工作人员，在就职时进行宪法宣誓。宣誓仪式由任命机关组织。

地方各级人大及县级以上地方各级人大常委会选举或者决定任命的国家工作人员，以及地方各级人民政府、人民法院、人民检察院任命的国家工作人员，在依照法定程序产生后，进行宪法宣誓。宣誓的具体组织办法由省、自治区、直辖市人民代表大会常委会参照《全国人民代表大会常务委员会关于实行宪法宣誓制度的决定》制定，报全国人民代表大会常务委员会备案。

（三）宪法宣誓誓词内容

根据《全国人民代表大会常务委员会关于实行宪法宣誓制度的决定》的规定，宪法宣誓誓词为："我宣誓：忠于中华人民共和国宪法，维护宪法权威，履行法定职责，忠于祖国、忠于人民，恪尽职守、廉洁奉公，接受人民监督，为建设富强、民主、文明、和谐的社会主义国家努力奋斗！"

（四）宪法宣誓形式

根据决定的规定，宪法宣誓仪式根据情况，可以采取单独宣誓或者集体宣誓的形式。单独宣誓时，宣誓人应当左手抚按《中华人民共和国宪法》，右手举拳，诵读誓词。集体宣誓时，由一人领誓，领誓人左手抚按《中华人民共和国宪法》，右手举拳，领诵誓词；其他宣誓人整齐排列，右手举拳，跟诵誓词。宣誓场所应当庄重、严肃，悬挂中华人民共和国国旗或者国徽。负责组织宣誓仪式的机关，可以根据决定并结合实际情况，对宣誓的具体事项作出规定。

第三章

我国行政法律制度

导读

依法行政是依法治国基本方略的重要组成部分，对建设法治中国具有重大意义。依法行政，是政府行政权运行的基本原则，它要求行政机关行使行政权力必须要有法律授权，强调有权有责，用权受监督，损害须赔偿，违法须纠正。

行政法是关于行政权授予、行政权的行使，以及对行政权的授予、行使进行监督的法律规范的总和。主要包括三方面的内容。一是行政组织法，即关于行政权的授予和组织行政机关的法律。由行政组织法、行政编制法和公务员法等法律组成。二是行政行为法，即关于行政权行使的法律，由行政许可、行政处罚、行政收费、行政强制、行政征收、行政裁决等法律组成。这部分的行政法律制度具有普遍适用性，与各级政府及各个部门都有关。此外，还有按行政管理事项划分的涉及行政权行使的法律，称为部门行政法，如公安、环保、税务等。三是行政监督法，即对行政机关的组织、行政权的行使进行监督的法律。由行政监察法、审计法、行政复议法、行政诉讼法、行政赔偿法等组成。

第一节　我国依法行政的发展历程

1978年党的十一届三中全会的召开，为我国的民主法制建设指明了前进的方向，奠定了坚实的思想基础，为发扬社会主义民主、健全社会主义法制提供了强有力的政治保障。1979年，包括国家机构、刑事、民事在内的一批规范国家政治、经济、文化和社会生活的法律相继出台，为在国家和社会事务管理方面实现有法可依、有法必依、执法必严、违法必究打下了基础。

1982年，现行宪法颁布，对国家机构及其相互关系和职责权限、公民的权利义务等，作出了许多新的重要规定。该部宪法第五条明确规定："国家维护社会主义法制的统一和尊严。一切法律、行政法规和地方性法规都不得同宪法相抵触。一切国家机关和武装力量、各政党和各社会团体、各企业事业组织都必须遵守宪法和法律。一切违反宪法和法律的行为，必须予以追究。任何组织或者个人都不得有超越宪法和法律的特权。"这是依法行政的重要宪法依据。在此期间，国务院组织法和地方组织法的出台，也从制度建设上进一步推动了依法行政的进程。

1984年全国人大六届三次会议上，彭真同志明确提出，国家管理要从依靠政策办事逐步过渡到不仅仅依靠政策还要建立、健全法制，依法办事。随着经济体制改革的不断深入，民主法制观念的逐步加强，1989年4月行政诉讼法颁布。这是我国行政立法指导思想和价值取向的一次重大转变，标志着我国从注重行政权力的确立与维护，开始转向对行政权力的监督与制约，对公民权利的具体确认与保护。这是通过实践"民"告"官"的诉讼程序来促进行政机关依法行政的一项重大举措。

1992年党的十四大正式确立了社会主义市场经济体制，加快依法行政步伐，已成为时代和社会发展的客观要求。1993年八届全国人大一次会议通过的《政府工作报告》明确提出："各级政府都要依法行政，严格依法办事。一切公务人员都要带头学法、懂法，做执法守法的模范。"这是我国第一次以政府文件的形式正式明确提出依法行政的原则。1997年9月，党的十五大正式确立了依法治国、建设社会主义法治国家的基本方略，依法行政的进程从此开始全面提速。

2002年11月，召开的党的十六大，把发展社会主义民主政治，建设社会主义政治文明，作为全面建设小康社会的重要目标之一，明确提出加强对执法活动的监督，推进依法行政。2007年10月，召开的党的十七大，从全面落实依法治国基本方略，加快建设社会主义法治国家的高度，就推行依法行政、加快行政管理体制改革，建设服务型政府，完善制约机制，健全组织法制和程序规则，保证国家机关按照法定权限和程序行使权力、履行职责等提出具体要求。

在此期间，国家公务员暂行条例（1993）、国家赔偿法（1994）、行政处罚法（1996）、行政监察法（1997）、行政复议法（1999）、立法法（2000）、政府采购法（2002）、行政许可法（2003）、公务员法（2005）、行政强制法（2011）等陆续出台，依法行政的体制机制不断健全、依法行政的法律制度日渐完备。

与此同时，1999年11月国务院发布了《关于全面推进依法行政的决定》，对依法行政提出了具体要求。2004年3月国务院颁发了《全面推进依法行政实施纲要》，对全国依法行政的现状进行了深刻总结，对进一步深入推进依法行政提出了全面要求，并第一次明确提出经过十年左右坚持不懈的努力，基本实现建设法治政府的工作目标。

鉴于依法行政的重点难点在市县两级，2008年5月国务院还进一步作出了《关于加强市县政府依法行政的决定》，就扎实推进市县政府依法行政提出工作要求。2012年11月，党的十八大明确要求，推进依法行政，切实做到严格规范公正文明执法。2013年11月，党的十八届三中全会进一步明确提出，建设法治中国，必须坚持依法治国、依法执政、依法行政共同推进，坚持法治国家、法治政府、法治社会一体建设。依法行政被纳入法治中国建设进程中统一部署、整体推进。2014年11月，党的十八届四中全会就深入推进依法行政，加快建设法治政府作出总体部署，要求各级政府必须坚持在党的领导下、在法治轨道上开展工作，加快建设职能科学、权责法定、执法严明、公开公正、廉洁高效、守法诚信的法治政府。

第二节　行政组织法

行政组织法是规范行政机关的职能、组织、编制的法律制度。我国宪法明确规定，中华人民共和国的一切权力属于人民。人民行使国家权力的机关是全国人大和地方各级人大。国家的行政机关是权力机关的执行机关。因此从根本上讲，行政机关行使的行政权力是权力机关通过法律授予的。正因为如此，行政机关必须遵循职权法定原则，不能法外行权。行政组织法就是规范有关行政组织的性质、地位、职权、职能等方面的法律总称。

行政组织是行政权力的载体，行政组织法通过对行政机关的机构设置、编制与职数、活动方式，以及行政机关的设立、变更和撤销程序等的规定，进而对行政权力行使进行制约，以避免主观随意性。在这方面，我国的国务院组织法和地方组织法，对规范国务院和地方政府的机构设置与职权行使，起到了重要作用。

一、国务院组织法

1982年制定的国务院组织法，是根据宪法中有关国务院的规定内容，对国务院的组成、组织原则、职权行使、会议制度、部委设置等均作出了明确规定。

根据国务院组织法的规定，国务院由总理、副总理、国务委员、各部部长、各委员会主任、审计长、秘书长组成；国务院实行总理负责制，总理领导国务院的工作，副总理、国务委员协助总理工作；国务院行使宪法第八十九条规定的职权；国务院会议分为国务院全体会议和国务院常务会议。国务院全体会议由国务院全体成员组成。国务院常务会议由总理、副总理、国务委员、秘书长组成。国务院工作中的重大问题，必须经国务院常务会议或者国务院全体会议讨论决定；国务院秘书长在总理领导下，负责处理国务院的日常工作；国务院各部、各委员会的设立、撤销或者合并，经总理提出，由全国人大决定；在全国人大闭会期间，由全国人大常委会决定；国务院各部、各委员会实行部长、主任负责制。各部部长、各委员会主任领导本部门的工作，召集和主持部务会议或者委员会会议、委务会议，签署上报国务院的重要请示、报告和下达的命令、指示。各部、各委员会工作中的方针、政策、计划和重大行政措施，应向国务院请示报告，由国务院决定。根据法律和国务院的决定，主管部、委员会可以在本部门的权限内发布命令、指示和规章。

二、地方组织法

《地方各级人民代表大会和地方各级人民政府组织法》于1979年通过，并于2015年作了最新修正。它具体规定了地方各级人民政府的性质、组成、任期、职权、组织原则、会议制度、机构设置等，为规范和制约地方各级政府的行政权力的行使提供了基本的法律依据。

根据地方组织法的规定，地方各级人民政府是地方各级人大的执行机关，是地方各级国家行政机关，对本级人大和上一级国家行政机关负责并报告工作。地方各级人民政府都是国务院统一领导下的国家行政机关，都服从国务院。省、自治区、直辖市、自治州、设区的市的人民政府分别由省长、副省长，自治区主席、副主席，市长、副市长，州长、副州长和秘书长、厅长、局长、委员会主任等组成。县、自治县、不设区的市、市辖区的人民政府分别由县长、副县长，市长、副市长，区长、副区长和局长、科长等组成。乡、民族乡的人民政府设乡长、副乡长。民族乡的乡长由建立民族乡的少数民族公民担任。镇人民政府设镇长、副镇长。地方各级人民政府每届任期五年。

此外，这部法律还具体规定了地方各级人民政府的职权、组织原则、会议制度、内设机构、管理体制等。

尽管我国法律对行政部门的设置、行政权力的行使有着相应的法律规范和制约，但多年来的实践同时也证明，行政机关职权不清、相互交叉冲突，政府职能转变不能适应市场经济的需要，机构臃肿，人浮于事等问题始终存在并难以解决。由于已有的行政组织法还不能完全起到应有的规范和制约作用，以致有时还不得不辅之以相应的机构改革。正因为如此，1997年党的十五大就曾明确提出，深化行政体制改革，实现国家机构组织、职能、编制、工作程序的法定化。2013年党的十八届三中全会进一步明确提出，转变政府职能必须深化机构改革。优化政府机构设置、职能配置、工作流程，完善决策权、执行权、监督权既相互制约又相互协调的行政运行机制。为此，切实按照党中央的要求，进一步完善行政组织法成为当前完善行政法律制度面临的一项重要任务。

三、公务员法

这部法律制定于2005年，具体规定了公务员的入职条件、权利义务、职务级别，录用考核、职务任免、职务升降、奖励惩戒与培训、交流与回避、工资福利保险、辞职辞退与退休、申诉控告、职位聘任及法律责任。这部法律的制定和实施，为规范公职人员的组织管理和职务履行提供了基本的法律遵循。

根据该法的规定，公务员职务分为领导职务和非领导职务。领导职务层次分为：国家级正职、国家级副职、省部级正职、省部级副职、厅局级正职、厅局级副职、县处级正职、县处级副职、乡科级正职、乡科级副职。非领导职务层次在厅局级以下设置。综合管理类的非领导职务分为：巡视员、副巡视员、调研员、副调研员、主任科员、副主任科员、科员、办事员。各机关依照确定的职能、规格、编制限额、职数以及结构比例，设置本机关公务员的具体职位，并确定各职位的工作职责和任职资格条件以及考核、奖惩、专门纪律要求、回避、辞职、辞退、退休、申诉控告等内容。

第三节　行政行为法

行政行为一般是指行政机关依法行使权力，管理公共事务，直接或间接产生法律后果的行为。各行政机关共同性的行政行为，可分为行政立法行为和行政执法行为。其中，行政立法行为主要是指国务院制定行政法规、国务院各部委制定部委规章，各省、自治区、直辖市政府、省会市和经国务院批准的较大市政府和设区的市制定地方规章的行为。行政执法行为，又称具体行政行为，是指行政机关行使行政权力，对特定的公民、法人和其他组织作出的有关其权利义务的单方行为。具体行政行为的表现形式包括：行政命令、行政征收、行政许可、行政确认、行政监督检查、行政处罚、行政强制、行政给付、行政奖励、行政裁决、行政赔偿等。随着推进依法治国、建设法治政府的需要，我国陆续出台了一系列行政行为法，适用频率高的有行政许可法、行政处罚法和行政强制法。

一、行政许可法

行政许可是指行政机关根据公民、法人或者其他组织的申请，经依法审查，准予其从事特定活动的行为。2003年颁布实施的行政许可法，对行政许可的实施机关、行政许可的实施程序、申请与受理、审查与决定、期限、听证、变更与延续，以及行政许可的费用和监督检查等作出了具体规定。实践证明，这部法律的颁布实施，对规范行政许可的设定和实施，保护公民、法人和其他组织的合法权益，维护公共利益和社会秩序，保障和监督行政机关有效实施行政管理，提供了重要的法律保障。这部法律具体规定的内容主要包括：

（一）行政许可的设定范围

设定行政许可的应当属于直接涉及国家安全、公共安全、经济宏观调控、生态环境保护以及直接关系人身健康、生命财产安全等特定活动，需要按照法定条件予以批准的事项；有限自然资源开发利用、公共资源配置以及直接关系公共利益的特定行业的市场准入等，需要赋予特定权利的事项；提供公众服务并且直接关系公共利益的职业、行业，需要确定具备特殊信誉、特殊条件或者特殊技能等资格、资质的事项；直接关系公共安全、人身健康、生命财产安全的重要设备、设施、产品、物品，需要按照技术标准、技术规范，通过检验、检测、检疫等方式进行审定的事项；企业或者其他组织的设立等，需要确定主体资格的事项；法律、行政法规规定可以设定行政许可的其他事项。但上述事项如果属于公民、法人或者其他组织能够自主决定的；市场竞争机制能够有效调节的；行业组织或者中介机构能够自律管理的；行政机关采用事后监督等其他行政管理方式能够解决的，便可以不设行政许可。该法同时还明确规定，法规、规章对实施上位法设定的行政许可作出的具体规定，不得增设行政许可；对行政许可条件作出的具体规定，不得增设违反上位法的其他条件。

（二）行政许可的实施机关

行政许可的实施机关主要包括有权行政机关、具有管理公共事务职能的组织和受委托的其他行政机关。该法明确规定，行政许可由具有行政许可权的行政机关在其法定职权范围内实施。法律、法规授权的具有管理公共事务职能的组织，在法定授权范围内，以自己的名义实施行政许可。被授权的组织适用行政许可法有关行政机关的规定。行政机关在其法定职权范围内，依照法律、法规、规章的规定，可以委托其他行政机关实施行政许可。委托机关应当将受委托行政机关和受委托实施行政许可的内容予以公告。委托行政机关对受委托行政机关实施行政许可的行为应当负责监督，并对该行为的后果承担法律责任。

（三）行政许可的实施程序

公民、法人或者其他组织从事特定活动，依法需要取得行政许可的，应当向行政机关提出申请。申请人申请行政许可，应当如实向行政机关提交有关材料和反映真实情况，并对其申请材料实质内容的真实性负责。申请人提交的申请材料齐全、符合法定形式，行政机关能够当场作出决定的，应当当场作出书面的行政许可决定。根据法定条件和程序，需要对申请材料的实质内容进行核实的，行政机关应当指派两名以上工作人员进行核查。

（四）行政许可的期限

除可以当场作出行政许可决定的以外，行政机关应当自受理行政许可申请之日起二十日内作出行政许可决定。二十日内不能作出决定的，经本行政机关负责人批准，可以延长十日，并应当将延长期限的理由告知申请人。

（五）法律责任

行政机关违法实施行政许可，给当事人的合法权益造成损害的，应当依照国家赔偿法的规定给予赔偿。被许可人存在涂改、倒卖、出租、出借行政许可证件，或者以其他形式非法转让行政许可的；超越行政许可范围进行活动的；向负责监督检查的行政机关隐瞒有关情况、提供虚假材料或者拒绝提供反映其活动情况的真实材料的；法律、法规、规章规定的其他违法行为的，行政机关应当依法给予行政处罚。构成犯罪的，依法追究刑事责任。

二、行政处罚法

行政处罚是行政机关对违反行政管理秩序的公民、法人和其他组织依法予以制裁的法律制度。我国1996年颁布实施的行政处罚法对行政处罚的种类和设定、实施机关、管辖和适用，以及行政处罚的程序、执行及法律责任进行了明确规定，为规范行政处罚的设定和实施，保障和监督行政机关有效实施行政管理，维护公共利益和社会秩序，保护公民、法人或者其他组织合法权益提供了基本的法律依据。这部法律具体规定的内容主要包括：

（一）行政处罚的种类

我国的行政处罚包括：警告；罚款；没收违法所得、没收非法财物；责令停产停业；暂扣或者吊销许可证、暂扣或者吊销执照；行政拘留；法律、行政法规规定的其他行政处罚等。

（二）行政处罚的实施机关

行政处罚由具有行政处罚权的行政机关在法定职权范围内实施。国务院或者经国务院授权的省、自治区、直辖市人民政府可以决定一个行政机关行使有关行政机关的行政处罚权，但限制人身自由的行政处罚权只能由公安机关行使。

（三）行政处罚的管辖

行政处罚由违法行为发生地的县级以上地方人民政府具有行政处罚权的行政机关管辖；对管辖发生争议的，报请共同的上一级行政机关指定管辖；违法行为构成犯罪的，行政机关必须将案件移送司法机关，依法追究刑事责任。

（四）行政处罚的适用

行政机关实施行政处罚时，应当责令当事人改正或者限期改正违法行为。对当事人的同一个违法行为，不得给予两次以上罚款的行政处罚；不满十四周岁的人有违法行为的，不予行政处罚，责令监护人加以管教；已满十四周岁不满十八周岁的人有违法行为的，从轻或者减轻行政处罚；精神病人在不能辨认或者不能控制自己行为时有违法行为的，不予行政处罚，但应当责令其监护人严加看管和治疗。间歇性精神病人在精神正常时有违法行为的，应当给予行政处罚。违法行为在二年内未被发现的，不再给予行政处罚。法律另有规定的除外。

（五）行政处罚程序

行政处罚程序包括简易程序、一般程序。

1. 简易程序

适用于违法事实确凿并有法定依据，对公民处以五十元以下、对法人或者其他组织处以一千元以下罚款或者警告的行政处罚的，可以当场作出行政处罚决定。

2. 一般程序

适用于行政机关发现公民、法人或者其他组织有依法应当给予行政处罚的行为，需要全面、客观、公正调查，收集有关证据或需要依法进行检查的案件。行政机关依法给予行政处罚的，应当制作行政处罚决定书。行政处罚决定书应当载明的事项包括：当事人的姓名或者名称、地址；违反法律、法规或者规章的事实和证据；行政处罚的种类和依据；行政处罚的履行方式和期限；不服行政处罚决定，申请行政复议或者提起行政诉讼的途径和期限；作出行政处罚决定的行政机关名称和作出决定的日期。行政处罚决定书应当在宣告后当场交付当事人；当事人不在场的，行政机关应当在七日内依照民事诉讼法的有关规定，将行政处罚决定书送达当事人。

此外该法还具体规定了行政处罚前的听证程序、行政处罚的执行及法律责任。

三、行政强制法

我国法定的行政强制包括行政强制措施和行政强制执行。行政强制措施，是指行政机关在行政管理过程中，为制止违法行为、防止证据损毁、避免危害发生、控制危险扩大等情形，依法对公民的人身自由实施暂时性限制，或者对公民、法人或者其他组织的财物实施暂时性控制的行为。行政强制执行，是指行政机关或者行政机关申请人民法院，对不履行行政决定的公民、法人或者其他组织，依法强制履行义务的行为。2011年颁布实施的行政强制法，规定了行政强制的种类和设定、行政强制措施实施程序、行政机关强制执行程序、申请人民法院强制执行及法律责任，为规范行政强制的设定和实施，保障和监督行政机关依法履行职责，维护公共利益和社会秩序，保护公民、法人和其他组织的合法权益提供了基本的法律依据。这部法律具体规定的内容主要包括：

（一）行政强制的种类和方式

根据该法规定，行政强制措施由法律设定，种类包括限制公民人身自由；查封场所、设施或者财物；扣押财物；冻结存款、汇款；其他行政强制措施等5类。行政强制执行由法律设定，方式包括加处罚款或者滞纳金；划拨存款、汇款；拍卖或者依法处理查封、扣押的场所、设施或者财物；排除妨碍、恢复原状；代履行；其他强制执行方式等。

（二）行政强制措施实施程序

1. 一般规定

行政机关实施行政强制措施的，实施前须向行政机关负责人报告并经批准；由两名以上行政执法人员实施；出示执法身份证件；通知当事人到场；当场告知当事人采取行政强制措施的理由、依据以及当事人依法享有的权利、救济途径；听取当事人的陈述和申辩；制作现场笔录；现场笔录由当事人和行政执法人员签名或者盖章，当事人拒绝的，在笔录中予以注明；当事人不到场的，邀请见证人到场，由见证人和行政执法人员在现场笔录上签名或者盖章；法律、法规规定的其他程序。情况紧急，需要当场实施行政强制措施的，行政执法人员应当在二十四小时内向行政机关负责人报告，并补办批准手续。

2. 查封、扣押

查封、扣押应当由法律、法规规定的行政机关实施，其他任何行政机关或者组织不得实施。行政机关决定实施查封、扣押的，应当依法制作并当场交付查封、扣押决定书和清单。查封、扣押决定书应当载明当事人的姓名或者名称、地址；查封、扣押的理由、依据和期限；查封、扣押场所、设施或者财物的名称、数量等；申请行政复议或者提起行政诉讼的途径和期限；行政机关的名称、印章和日期。查封、扣押清单一式二份，由当事人和行政机关分别保存。

3. 冻结

冻结存款、汇款应当由法律规定的行政机关实施，不得委托给其他行政机关或者组织；其他任何行政机关或者组织不得冻结存款、汇款。行政机关依照法律规定决定实施冻结存款、汇款的，应当依法履行程序，并向金融机构交付冻结通知书。

此外，该法还具体规定了行政机关强制执行的具体程序及法律责任。

以案释法 06

违法行政决定被撤销

2012年3月，王某收到了国务院行政复议裁决书。裁决书撤销了某省认定他家所在区域征地合法决定的裁决。法学博士王某两年法律维权路，终于看到一线曙光。2010年底，因老家的房屋在未签署拆迁协议的情况下于凌晨被拆。老屋被强拆当日，王某写了一封给家乡市长的公开信。公开信在网上迅速流传，引起了官方重视。当地政府有关领导特地赶赴王某所在的大学和他沟通，承诺“依法依规，妥善处置此事”。公开信事件后，王某家乡的区长答复王某，称“某村村委会答复意见与你本人所提要求差距较大，可能你不能完全接受”“我们支持你通过法律渠道依法解决”。2011年7月15日，王某母亲诉某市住房和城乡建设局不履行查处违法拆迁一案在该市某区法院开庭审理。法院认定“非法拆迁”事实不存在，驳回诉讼请求。王某随即上诉，被市中级人民法院驳回。在寻求诉讼解决的同时，王某也向省政府行政复议办公室提起行政复议，要求省政府确认关于该城区城市建设用地的批复违法并予以撤销。2011年3月，省政府行政复议办公室召开听证会，只有王某一方提交相关证据，

“政府说他们所有的行为都合法，没必要提交证据。”4月6日，省政府行政复议办公室下发行政复议决定书，驳回复议请求。随后，王某等人依法向国务院法制办提起行政裁决。

释解

拆迁户依法维权，先后通过行政手段和法律途径，终于为实践宪法明文规定的“公民的合法的私有财产不受侵犯。国家依照法律规定保护公民的私有财产权和继承权”迈出了关键的一步。

随着依法治国的不断推进、依法行政的不断深入，我国各级行政机关面临的行政诉讼的争议案件在逐步增多，当被告的几率在逐渐增大，这是一种正常的客观现象。当被告不被动，被动的是工作中存在着没有依法行政的瑕疵。情况表明，各级行政管理部门在工作中比较容易引起争议的，主要集中在行政主体不适格、行政行为越权、规范性文件与上位法相抵触、行政决定失当和行政不作为几个方面。因此，在全面推进依法治国的大背景下，在法律制度不断完备、监督渠道极大畅通的情况下，在公民依法维权意识不断增强的态势下，唯有依法决策、依法办事，努力实现与依法行政相适应的行政管理方式的转变，树立职权法定意识、程序法定意识和权责统一意识，切实提高依法行政的自觉性和工作水平，才能从根本上杜绝此类案件的发生。

第四节　行政监督法

行政权力是国家机关中权力最大、涉及人数最多，对国家和社会的发展最为重要、与人民群众关系最为密切的权力，因此行政监督是国家监督体系中的极为重要的组成部分。行政系统内部的监督，主要有行政系统内的专门监督和上级对下级的层级监督。

在我国，行政系统内的专门监督主要为审计监督和行政监察，并且已经制定了审计法和行政监察法。根据审计法的规定，在政府内部监督范围内，审计主要是对本级政府各部门和下级政府预算的执行情况和决算、预算外资金的管理和使用情况；政府部门管理和社会团体受政府委托管理的社会保障基金、社会捐献资金及其他有关基金、资金的财务收支等进行审计监督。审计部门在行使职权时，拥有要求报送权、检查权、调查权、制止并采取措施权、通报权及处理权等多方面的权限。根据行政监察法的规定，行政监察是监察部门对行政机关及其公务员的行政效能和清正廉洁两方面进行的监督。监察部门在行使监督权时拥有检查、调查权、建议处分权等较为广泛的权力。

层级监督方面，我国目前已建立了行政复议制度、行政诉讼制度和国家赔偿制度。并相应地颁布实施了行政复议法、行政诉讼法和国家赔偿法。其中，行政复议制度是指公民、法人或其他组织认为行政机关的行政行为侵犯其合法权益，向上级行政机关申请复议，由复议机关作出复议决定的制度，既属于上级行政机关对下级行政机关的监督，同时也是公民、法人或其他组织不服下级行政机关的具体行政行为要求复议机关作出公正裁判的一种救济行为。由于行政复议实际上是上级对下级的监督，因此行政复议的范围较为宽泛，在行政复议中，公民、法人或其他组织不仅可以对具体行政行为是否合法，要求进行审查，也可以对该具体行政行为是否合理，要求进行审查。而在行政诉讼中，人民法院对具体行政行为则只能进行合法性审查，除行政处罚外，原则上不作合理性、适当性审查。

一、行政复议法

行政复议是指公民、法人或者其他组织，认为行政机关的具体行政行为侵犯了其合法权益，依法向上级行政机关提出复议申请，上级行政机关依法对该具体行政行为进行合法性、适当性审查，并作出复议决定的行政行为。我国1999年颁布实施的行政复议法，对行政复议机关的职责、行政复议范围、行政复议申请、行政复议受理、行政复议决定和法律责任等作出具体规定。这部法律具体规定的内容主要包括：

（一）行政复议机关的职责

行政复议机关负责法制工作的机构具体办理行政复议事项，履行的职责包括受理行政复议申请；向有关组织和人员调查取证，查阅文件和资料；审查申请行政复议的具体行政行为是否合法与适当，拟订行政复议决定；处理或者转送法律规定的审查申请；依照规定的权限和程序对违法的具体行政行为提出处理建议；办理因不服行政复议决定提起行政诉讼的应诉事项；法律、法规规定的其他职责。行政复议机关履行行政复议职责时，应当遵循合法、公正、公开、及时、便民的原则，坚持有错必纠，保障法律、法规的正确实施。

（二）行政复议范围

公民、法人或者其他组织可以依法申请行政复议的情形包括对行政机关作出的警告、罚款、没收违法所得、没收非法财物、责令停产停业、暂扣或者吊销许可证、暂扣或者吊销执照、行政拘留等行政处罚决定不服的；对行政机关作出的限制人身自由或者查封、扣押、冻结财产等行政强制措施决定不服的；对行政机关作出的有关许可证、执照、资质证、资格证等证书变更、中止、撤销的决定不服的；对行政机关作出的关于确认土地、矿藏、水流、森林、山岭、草原、荒地、滩涂、海域等自然资源的所有权或者使用权的决定不服的；认为行政机关侵犯合法的经营自主权的；认为行政机关变更或者废止农业承包合同，侵犯其合法权益的；认为行政机关违法集资、征收财物、摊派费用或者违法要求履行其他义务的；认为符合法定条件，申请行政机关颁发许可证、执照、资质证、资格证等证书，或者申请行政机关审批、登记有关事项，行政机关没有依法办理的；申请行政机关履行保护人身权利、财产权利、受教育权利的法定职责，行政机关没有依法履行的；申请行政机关依法发放抚恤金、社会保险金或者最低生活保障费，行政机关没有依法发放的；认为行政机关的其他具体行政行为侵犯其合法权益的。

（三）行政复议申请

公民、法人或者其他组织认为具体行政行为侵犯其合法权益的，可以自知道该具体行政行为之日起六十日内提出行政复议申请；但是法律规定的申请期限超过六十日的除外。因不可抗力或者其他正当理由耽误法定申请期限的，申请期限自障碍消除之日起继续计算。同申请行政复议的具体行政行为有利害关系的其他公民、法人或者其他组织，可以作为第三人参加行政复议。公民、法人或者其他组织对行政机关的具体行政行为不服申请行政复议的，作出具体行政行为的行政机关是被申请人。申请人申请行政复议，可以书面申请，也可以口头申请；口头申请的，行政复议机关应当当场记录申请人的基本情况、行政复议请求、申请行政复议的主要事实、理由和时间。

（四）行政复议受理

行政复议机关收到行政复议申请后，应当在五日内进行审查，对不符合本法规定的行政复议申请，决定不予受理，并书面告知申请人；对符合行政复议法规定，但是不属于本机关受理的行政复议申请，应当告知申请人向有关行政复议机关提出。对行政复议决定不服再向人民法院提起行政诉讼的，行政复议机关决定不予受理或者受理后超过行政复议期限不作答复的，公民、法人或者其他组织可以自收到不予受理决定书之日起或者行政复议期满之日起十五日内，依法向人民法院提起行政诉讼。

（五）行政复议决定

行政复议原则上采取书面审查的办法，但是申请人提出要求或者行政复议机关负责法制工作的机构认为有必要时，可以向有关组织和人员调查情况，听取申请人、被申请人和第三人的意见。行政复议机关负责法制工作的机构应当对被申请人作出的具体行政行为进行审查，提出意见，经行政复议机关的负责人同意或者集体讨论通过后，按照具体行政行为认定事实清楚，证据确凿，适用依据正确，程序合法，内容适当的，决定维持；被申请人不履行法定职责的，决定其在一定期限内履行。对存在主要事实不清、证据不足的；适用依据错误的；违反法定程序的；超越或者滥用职权的；具体行政行为明显不当等情形之一的，决定撤销、变更或者确认该具体行政行为违法；决定撤销或者确认该具体行政行为违法的，可以责令被申请人在一定期限内重新作出具体行政行为。

（六）法律责任

行政复议机关违反规定，无正当理由不予受理依法提出的行政复议申请或者不按照规定转送行政复议申请的，或者在法定期限内不作出行政复议决定的，对直接负责的主管人员和其他直接责任人员依法给予警告、记过、记大过的行政处分；经责令受理仍不受理或者不按照规定转送行政复议申请，造成严重后果的，依法给予降级、撤职、开除的行政处分。行政复议机关工作人员在行政复议活动中，徇私舞弊或者有其他渎职、失职行为的，依法给予警告、记过、记大过的行政处分；情节严重的，依法给予降级、撤职、开除的行政处分；构成犯罪的，依法追究刑事责任。被申请人违反规定，不提出书面答复或者不提交作出具体行政行为的证据、依据和其他有关材料，或者阻挠、变相阻挠公民、法人或者其他组织依法申请行政复议的，对直接负责的主管人员和其他直接责任人员依法给予警告、记过、记大过的行政处分；进行报复陷害的，依法给予降级、撤职、开除的行政处分；构成犯罪的，依法追究刑事责任。行政复议机关受理行政复议申请，由本级财政予以保障，不得向申请人收取任何费用。

二、行政诉讼法

行政诉讼是指公民、法人或者其他组织认为行政机关和行政机关工作人员的行政行为侵犯其合法权益，依法向人民法院提起的诉讼。为保证人民法院公正、及时审理行政案件，解决行政争议，保护公民、法人和其他组织的合法权益，监督行政机关依法行使行政职权，我国于1989年制定、2014年修订了行政诉讼法，对行政诉讼的受案范围、管辖、诉讼参加人、证据、起诉和受理、审理和判决、审判监督程序、执行及涉外行政诉讼等作了相应规定，具体确立了行政行为合法与违法的标准，对协调行政机关与公民的关系，保护公民合法权益，督促行政机关依法行政，维护社会稳定发挥了重要作用。这部法律具体规定的内容主要包括：

（一）受案范围

行政诉讼受案范围包括，对行政拘留、暂扣或者吊销许可证和执照、责令停产停业、没收违法所得、没收非法财物、罚款、警告等行政处罚不服的；对限制人身自由或者对财产的查封、扣押、冻结等行政强制措施和行政强制执行不服的；申请行政许可，行政机关拒绝或者在法定期限内不予答复，或者对行政机关作出的有关行政许可的其他决定不服的；对行政机关作出的关于确认土地、矿藏、水流、森林、山岭、草原、荒地、滩涂、海域等自然资源的所有权或者使用权的决定不服的；对征收、征用决定及其补偿决定不服的；申请行政机关履行保护人身权、财产权等合法权益的法定职责，行政机关拒绝履行或者不予答复的；认为行政机关侵犯其经营自主权或者农村土地承包经营权、农村土地经营权的；认为行政机关滥用行政权力排除或者限制竞争的；认为行政机关违法集资、摊派费用或者违法要求履行其他义务的；认为行政机关没有依法支付抚恤金、最低生活保障待遇或者社会保险待遇的；认为行政机关不依法履行、未按照约定履行或者违法变更、解除政府特许经营协议、土地房屋征收补偿协议等协议的；认为行政机关侵犯其他人身权、财产权等合法权益的。

（二）管辖

基层人民法院管辖第一审行政案件。中级人民法院管辖的一审行政案件包括：对国务院部门或者县级以上地方人民政府所作的行政行为提起诉讼的案件；海关处理的案件；本辖区内重大、复杂的案件；其他法律规定由中级人民法院管辖的案件。高级人民法院管辖本辖区内重大、复杂的一审行政案件。最高人民法院管辖全国范围内重大、复杂的一审行政案件。经最高人民法院批准，高级人民法院可以根据审判工作的实际情况，确定若干人民法院跨行政区域管辖行政案件。

（三）诉讼参加人

行政行为的相对人以及其他与行政行为有利害关系的公民、法人或者其他组织，有权提起诉讼。公民、法人或者其他组织直接向人民法院提起诉讼的，作出行政行为的行政机关是被告。经复议的案件，复议机关决定维持原行政行为的，作出原行政行为的行政机关和复议机关是共同被告；复议机关改变原行政行为的，复议机关是被告。复议机关在法定期限内未作出复议决定，公民、法人或者其他组织起诉原行政行为的，作出原行政行为的行政机关是被告；起诉复议机关不作为的，复议机关是被告。两个以上行政机关作出同一行政行为的，共同作出行政行为的行政机关是共同被告。行政机关委托的组织所作的行政行为，委托的行政机关是被告。行政机关被撤销或者职权变更的，继续行使其职权的行政机关是被告。

（四）证据

经法庭审查属实，可作为认定案件事实的行政诉讼证据包括：书证；物证；视听资料；电子数据；证人证言；当事人的陈述；鉴定意见；勘验笔录、现场笔录。被告对作出的行政行为负有举证责任，应当提供作出该行政行为的证据和所依据的规范性文件。原告可以提供证明行政行为违法的证据。原告提供的证据不成立的，不免除被告的举证责任。对由国家机关保存而须由人民法院调取的证据；涉及国家秘密、商业秘密和个人隐私的证据；确因客观原因不能自行收集的其他证据，原告或者第三人不能自行收集的，可以申请人民法院调取。

（五）起诉和受理

公民、法人或者其他组织不服复议决定的，可以在收到复议决定书之日起十五日内向人民法院提起诉讼。复议机关逾期不作决定的，申请人可以在复议期满之日起十五日内向人民法院提起诉讼，法律另有规定的除外。公民、法人或者其他组织直接向人民法院提起诉讼的，应当自知道或者应当知道作出行政行为之日起六个月内提出。法律另有规定的除外。因不动产提起诉讼的案件自行政行为作出之日起超过二十年，其他案件自行政行为作出之日起超过五年提起诉讼的，人民法院不予受理。公民、法人或者其他组织申请行政机关履行保护其人身权、财产权等合法权益的法定职责，行政机关在接到申请之日起两个月内不履行的，公民、法人或者其他组织可以向人民法院提起诉讼。对人民法院既不立案，又不作出不予立案裁定的，当事人可以向上一级人民法院起诉。上一级人民法院认为符合起诉条件的，应当立案、审理，也可以指定其他下级人民法院立案、审理。

（六）审理和判决

1. 一审普通程序

人民法院应当在立案之日起五日内，将起诉状副本发送被告。被告应当在收到起诉状副本之日起十五日内向人民法院提交作出行政行为的证据和所依据的规范性文件，并提出答辩状。人民法院应当在立案之日起六个月内作出第一审判决。有特殊情况需要延长的，由高级人民法院批准，高级人民法院审理第一审案件需要延长的，由最高人民法院批准。

2. 简易程序

对被诉行政行为是依法当场作出的；案件涉及款额二千元以下的；属于政府信息公开案件的，或当事人各方同意适用简易程序的，人民法院审理时可以适用简易程序。适用简易程序审理的行政案件，由审判员一人独任审理，并应当在立案之日起四十五日内审结。

3. 二审程序

当事人不服人民法院一审判决的，有权在判决书送达之日起十五日内向上一级人民法院提起上诉。当事人不服人民法院一审裁定的，有权在裁定书送达之日起十日内向上一级人民法院提起上诉。逾期不提起上诉的，人民法院的一审判决或者裁定发生法律效力。人民法院审理上诉案件，应当在收到上诉状之日起三个月内作出终审判决。有特殊情况需要延长的，由高级人民法院批准，高级人民法院审理上诉案件需要延长的，由最高人民法院批准。原审人民法院对发回重审的案件作出判决后，当事人提起上诉的，二审人民法院不得再次发回重审。

（七）审判监督程序

当事人对已经发生法律效力的判决、裁定，认为确有错误的，可以向上一级人民法院申请再审，但判决、裁定不停止执行。对属于不予立案或者驳回起诉确有错误的；有新的证据，足以推翻原判决、裁定的；原判决、裁定认定事实的主要证据不足、未经质证或者系伪造的；原判决、裁定适用法律、法规确有错误的；违反法律规定的诉讼程序，可能影响公正审判的；原判决、裁定遗漏诉讼请求的；据以作出原判决、裁定的法律文书被撤销或者变更的；审判人员在审理该案件时有贪污受贿、徇私舞弊、枉法裁判行为的案件，当事人提出申请的，人民法院应当再审。

（八）执行

当事人必须履行人民法院发生法律效力的判决、裁定、调解书。公民、法人或者其他组织拒绝履行判决、裁定、调解书的，行政机关或者第三人可以向一审人民法院申请强制执行，或者由行政机关依法强制执行。行政机关拒绝履行判决、裁定、调解书的，一审人民法院可以对应当归还的罚款或者应当给付的款额，通知银行从该行政机关的账户内划拨；在规定期限内不履行的，从期满之日起，对该行政机关负责人按日处五十元至一百元的罚款；将行政机关拒绝履行的情况予以公告；向监察机关或者该行政机关的上一级行政机关提出司法建议。对拒不履行判决、裁定、调解书，社会影响恶劣的，可以对该行政机关直接负责的主管人员和其他直接责任人员予以拘留；情节严重，构成犯罪的，依法追究刑事责任。行政机关或者行政机关工作人员作出的行政行为侵犯公民、法人或者其他组织的合法权益造成损害的，由该行政机关或者该行政机关工作人员所在的行政机关负责赔偿。行政机关赔偿损失后，应当责令有故意或者重大过失的行政机关工作人员承担部分或者全部赔偿费用。

三、国家赔偿法

国家赔偿以监督行政机关的行政行为是否合法为主要任务。以违法为赔偿前提的归责原则，事实行为造成损害的赔偿责任等赔偿制度的建立，进一步强化了对行政机关依法行政的监督力度。我国于1994年制定，2010年、2012年修订的国家赔偿法，明确了行政赔偿的范围、赔偿请求人和赔偿义务机关、赔偿的程序及赔偿方式和计算标准，为保障公民、法人和其他组织享有依法取得国家赔偿的权利，促进国家机关依法行使职权，提供了基本的法律依据。这部法律就行政赔偿所具体规定的内容主要包括：

（一）行政赔偿的范围

行政机关及其工作人员在行使行政职权时，如存在违法拘留或者违法采取限制公民人身自由的行政强制措施的；非法拘禁或者以其他方法非法剥夺公民人身自由的；以殴打、虐待等行为或者唆使、放纵他人以殴打、虐待等行为造成公民身体伤害或者死亡的；违法使用武器、警械造成公民身体伤害或者死亡的；造成公民身体伤害或者死亡的其他违法行为的，受害人有取得赔偿的权利。行政机关及其工作人员在行使行政职权时，如存在违法实施罚款、吊销许可证和执照、责令停产停业、没收财物等行政处罚的；违法对财产采取查封、扣押、冻结等行政强制措施的；违法征收、征用财产的；造成财产损害的其他违法行为的，受害人有取得赔偿的权利。如属于行政机关工作人员与行使职权无关的个人行为；因公民、法人和其他组织自己的行为致使损害发生的；法律规定的其他情形的，国家不承担赔偿责任。

（二）赔偿请求人和赔偿义务机关

受害的公民、法人和其他组织有权要求赔偿；受害的公民死亡，其继承人和其他有扶养关系的亲属有权要求赔偿；受害的法人或者其他组织终止的，其权利承受人有权要求赔偿。行政机关及其工作人员行使行政职权侵犯公民、法人和其他组织的合法权益造成损害的，该行政机关为赔偿义务机关；两个以上行政机关共同行使行政职权时侵犯公民、法人和其他组织的合法权益造成损害的，共同行使行政职权的行政机关为共同赔偿义务机关；法律、法规授权的组织在行使授予的行政权力时侵犯公民、法人和其他组织的合法权益造成损害的，被授权的组织为赔偿义务机关；受行政机关委托的组织或者个人在行使受委托的行政权力时侵犯公民、法人和其他组织的合法权益造成损害的，委托的行政机关为赔偿义务机关。赔偿义务机关被撤销的，继续行使其职权的行政机关为赔偿义务机关。没有继续行使其职权的行政机关，撤销该赔偿义务机关的行政机关为赔偿义务机关。

（三）赔偿程序

赔偿请求人要求赔偿，应当先向赔偿义务机关提出，也可以在申请行政复议或者提起行政诉讼时一并提出；赔偿请求人可以向共同赔偿义务机关中的任何一个赔偿义务机关要求赔偿，该赔偿义务机关应当先予赔偿；赔偿请求人根据受到的不同损害，可以同时提出数项赔偿要求。赔偿义务机关应当自收到申请之日起两个月内，作出是否赔偿的决定。赔偿义务机关决定赔偿的，应当制作赔偿决定书，并自作出决定之日起十日内送达赔偿请求人。赔偿义务机关决定不予赔偿的，应当自作出决定之日起十日内书面通知赔偿请求人，并说明不予赔偿的理由。对赔偿作出赔偿或者不予赔偿决定有异议的，赔偿请求人可在三个月内向人民法院提起诉讼。

（四）赔偿方式和计算标准

国家赔偿以支付赔偿金为主要方式。能够返还财产或者恢复原状的，予以返还财产或者恢复原状。侵犯公民人身自由的，每日赔偿金按照国家上年度职工日平均工资计算。

以案释法 07

行政不作为被判败诉

2014年10月16日，李某向河南省某市国土资源局（以下简称市国土局）书面提出申请，请求该局依法查处其所在村的耕地被有关工程项目违法强行占用的行为，并向该局寄送了申请书。市国土局收到申请后，没有受理、立案、处理，也未告知李某，李某遂以市国土局不履行法定职责为由诉至法院，请求确认被告不履行法定职责的行政行为违法，并要求被告对该村土地被强占的违法行为进行查处。

该市某区人民法院一审认为，土地管理部门对上级交办、其他部门移送和群众举报的土地违法案件，应当受理。土地管理部门受理土地违法案件后，应当进行审查，凡符合立案条件的，应当及时立案查处；不符合立案条件的，应当告知交办、移送案件的单位或者举报人。本案原告向被告市国土局提出查处违法占地申请后，被告应当受理，被告既没有受理，也没有告知原告是否立案，故原告要求确认被告不履行法定职责违法，并限期履行法定职责的请求，有事实根据和法律依据，本院予以支持。遂判决：一、确认被告对原告要求查处违法占地申请未予受理的行为违法。二、限被告于本判决生效之日起按国土资源行政处罚办法的规定履行法定职责。

市国土局不服，提出上诉。该市中级人民法院二审认为，根据国土资源行政处罚办法规定，县级以上国土资源主管部门“应当依法立案查处，无正当理由未依法立案查处的”，应当承担相应责任。上诉人市国土局未及时将审查结果告知申请人，上诉人的行为未完全履行工作职责，违反了国土资源行政处罚办法第四十五条的相关规定。二审判决驳回上诉，维持原判。

释解

及时处理群众举报、切实履行查处违法占地相关法定职责，回应群众关切、保障土地资源的合法利用是有关土地管理部门的应尽职责。土地资源稀缺、人多地少的现状决定了我国必须实行最严格的土地管理制度，但长期以来土地资源浪费严重，违法违规用地现象普遍，这其中既有土地管理保护不力的原因，也有人民群众难以有效参与保护的因素。公众参与是及时发现和纠正土地违法行为的重要渠道，也是确保落实最严格的土地管理制度的有效手段。依法受理并及时查处人民群众对违法用地行为的举报，是土地管理部门的权力更是义务。对于在处理土地违法案件中，发现违法案件不属于本部门管辖的，也应及时做好相应的案件移送工作。国土资源行政处罚办法第十条明确规定，国土资源主管部门发现违法案件不属于本部门管辖的，应当移送有管辖权的国土资源主管部门或者其他部门。

第四章

农业法律制度

导读

近年来，党和国家以科学发展观为指导，把解决好“三农”问题作为农业工作的重中之重，出台了一系列直接、有力的支农惠农政策，包括取消农业税、特产税和牧业税，对农民实行种粮补贴、农作物良种补贴、农机具购置补贴、农资综合补贴等。党和国家关于“三农”问题的重大战略决策和方针政策是我国农业立法的指导和灵魂，而农业法律法规则是农业发展、农村进步和农民权益的保障。新中国成立以后，我国农业法律制度建设从土地改革开始，在曲折中探索发展。改革开放三十多年来，我国农业得到飞跃发展，农业法治建设也取得丰硕成果。

1993年，我国颁布了涉及农业全局性法律的农业法。它的出台和实施，对巩固和发展农村体制改革的成就，保障农业在国民经济中的基础地位，发展社会主义市场经济，发挥了重要作用。国家对农业宏观调控，调整产能结构的过程中，全国人大、国务院、农业部相继出台了一系列规范种植业、畜牧业、渔业等生产经营的法律法规，基本建立起了一套较为完善的农业法律规范体系。但是，随着改革的深入，农业发展面临着新的问题，也对农业立法和规范化执法提出新的要求。

第一节　我国农业法律制度的历史沿革

新中国成立后，我国农业法制建设是从轰轰烈烈的土地革命开始的。1949年9月29日，中国人民政治协商会议第一届全体会议通过了《中国人民政治协商会议共同纲领》，决定有步骤地将封建半封建的土地所有制改变为农民的土地所有制。共同纲领，对土地改革、保护农民的经济利益和私有财产、保护农民已得的土地所有权、实现耕者有其田，以及恢复和发展农林渔牧业生产等作了明确规定。

一、农业立法从土地改革开始奠基

土地是农业发展的根基，我国关于农业法制建设最早也是从土地生产资料的社会主义改造开始，侧重于变革、调整生产关系的立法。

（一）土地改革法

1950年6月28日，中央人民政府委员会八次会议通过了土地改革法，明确要没收地主土地，废除地主阶级封建剥削的土地所有制，实行农民的土地所有制。在之后的两年多时间里在全国范围内基本上完成了土地所有制的改造，极大地调动了农民的生产积极性。1953年11月5日，政务院会议通过了《政务院关于国家建设征用土地办法》，规定了建设用地使用制度，要求凡属有荒地、空地可资利用者，应尽量利用，而不征用或少征用人民的耕地良田，确立了保护农业耕地原则。1954年9月20日，一届全国人大一次会议通过宪法，以根本大法的形式确立了土地改革的成果。

（二）关于农业生产合作社立法

为了把土地改革中激发起积极性的农民组织起来，增强农业抗御自然灾害的能力，1953年，中共中央发布了关于发展农业合作社的建议。1955年夏秋，全国性的农业合作化出现高潮。为了正确引导合作化运动，进一步改革农业生产关系，提高农业生产组织化程度，全国人大常委会分别于1956年3月、1956年6月制定了《农业生产合作社示范章程》《高级农业生产合作社示范章程》。在这两部章程中，都规定了自愿互利、退社自由、民主办社的原则和制度，因此，在合作化前期，农业得到了比较平稳的发展。但到了合作化后期，章程中的这些制度和原则受到了破坏。1958年，在全国推行的大规模的人民公社化运动中，农村经济政策被调整。1962年9月27日，党的八届中央委员会十次全体会议通过了农村人民公社工作条例修正草案，规定生产队范围内的土地，都归生产队所有，生产队所有的土地，包括社员的自留地、自留山、宅基地等，一律不准出租和买卖。生产队所有的土地，不经过县级以上人民委员会的审查和批准，任何单位和个人都不得占用。要爱惜耕地，基本建设必须尽可能地不占用或者少占用耕地。

这一时期颁布的农业法律基本保障了土地公有制改革的顺利完成。农业法制适应新中国成立初期社会主义改造和建设的需要，立法内容着眼于农业生产关系的变革和调整，与计划经济体制相适应，逐渐出现弱化法律调控能力，农业宏观管理越来越依靠政策手段的苗头。

二、"文革"期间农业法制停滞不前

"文革"十年动乱，这一时期，我国的整个法制建设都遭到破坏，农业法制建设也未能例外。在这一时期，我国农业领域基本没有出台新的法律、法令。之前的农业立法也形同虚设，农业法制建设受到严重阻滞，农业管理主要依靠政策、行政命令和指令性计划进行。

三、改革开放初期恢复重建（1978—1993年）

党的十一届三中全会把发展社会主义民主、健全社会主义法制确定为党的基本方针。随着农村改革的深化，农业法制工作也逐步提上议事日程。1983年1月，中央关于《当前农村经济政策的若干问题》中明确提出要加强立法工作。建议国家机关对农村各类经济形式及其活动，加强法制管理，制定相应的法规。1991年，召开的党的十三届八中全会再次强调要逐步把国家对农业和农村的宏观管理纳入法治轨道。

（一）推行“包干到户”

十一届三中全会确立了将党和国家的工作重心转移到经济建设上来的战略改革。这场改革始于农村，而影响最为广泛深远的是家庭联产承包制的推行。之后，党和国家陆续出台了一系列有关农业的政策，废除了人民公社体制，推行“包干到户”等联产承包责任制，有力地推动了农村各项事业的健康发展。1985年，党中央、国务院制定了关于进一步活跃农村经济的十项政策，提出改革农产品统派购制度；1987年中央下发把农村改革引向深入的通知，提出了发展多种形式的经济联合以及对个体经济和私人企业的方针。进入20世纪90年代以后，党和国家按照建立社会主义市场经济体制的目标，通过政策手段进一步深化农村改革，保障和促进农业和农村经济的持续发展。

（二）先后出台一批农业法律法规

随着农村改革的深化，农业法制工作也逐步提上议事日程。1983年1月，中央关于《当前农村经济政策的若干问题》中明确提出要加强农业立法工作，建议国家机关对农村各类经济形式及其活动，加强法制管理，制定相应的法规。1991年，召开的党的十三届八中全会又强调，要逐步把国家对农业和农村的宏观管理纳入法制轨道。这一时期，我国先后出台了一批有关农业的法律法规，如全国人大常委会制定了草原法、渔业法，国务院颁布了植物检疫条例、兽药管理条例等，农业部也同时颁布了一批部门规章，通过这一时期的立法活动，我国初步建立了农业法律框架体系的根基。但是，这段时期，国家的工作重心在发展工业经济，农业的基础地位并未受到足够重视，农业管理主要依靠行政手段，大多数涉农法律法规，受政策宣传口径影响，原则性规范多，可操作性较差，引发了“三农问题”突出。农业经济效益低，农村现状堪忧，农民权益不受重视，尤其是伴随着农业市场化程度的不断提高，单纯依靠政策已经难以协调和处理错综复杂的权利义务关系。

这一阶段农村改革和农业发展呈现阶段特征：一是主要依靠政策，法律的宏观调控的作用受到局限；二是还带有明显的计划经济色彩，有关农业的基本法律还未制定，部分涉农行业的专门法律也没有提上立法议程；三是法律内容中义务、管理偏重，农民权利内容偏少，强调农业为工业服务，其主要表现为各类税费较多，而补贴、政策扶持较少。

四、农业法制建设飞跃发展（1993年至今）

1993年7月2日，八届全国人大常委会二次会议通过农业法。该法的颁布在我国农业法制建设史上具有里程碑意义，标志着我国农业法制建设进入新的历史发展阶段。它对加强农业的基础地位，稳定家庭承包经营为基础的农业生产经营体制，推进农业生产发展和结构调整，加强农业科技教育，维护农民合法权益，促进农业生产整体水平的提高都发挥了重要作用。

在国家重视农业发展的方针政策引导下，20多年来，农业立法实现飞跃发展，制定了一系列法律法规。据不完全统计，仅全国人大常委会审议通过的有关农业农村方面的法律就有20多部。截至目前，以农业法为核心的农业法律体系已经形成，出现了农业法制建设的价值取向转向促进农业现代化和更加注重保护农民权利，农业法制建设工作重心由立法向立法与执法并重转变的趋势。

以案释法 08

关于免征农业税后土地承包纠纷

济南市历城区某镇西张村村民张某与村委会签订农村土地承包合同，合同约定：张某承包村里土地2.5亩，合同期限十年，自2004年10月7日至2014年10月7日，每亩地承包费280元，农业税由村委会承担。合同签订第二年国家取消农业税，张某认为既然国家已免除农业税，那就可以以农业税抵销承包费，他不应再缴纳承包费。村委会不同意，为此将村民张某告上法院。

释解

该村村委会与张某签订了农村土地承包合同。张某依照合同缴纳了第一年度的承包费，合同已经履行，其约定内容无违法之处，合同合法有效，应受法律保护。依据合同约定，双方约定的土地承包费与农业税免除无关。因此张某应当依合同约定按期支付村委会承包费。依照合同法和农村土地承包法，法院判张某给付村委会2006年度土地承包费700元。

近年来，全国各地逐步实行免征农业税的政策，这是国家减轻农民负担、增加农民收入的重要措施。免征农业税的对象应是农村土地的土地权属人，享受该政策的应是拥有该土地的农村集体经济组织。以其他承包方式来承包经营农村土地的人员，是市场行为，不应享受国家的上述优惠政策。就本案来讲，张某租赁村委会的土地，合同中双方之间签订的合同中并未涉及农业税的问题，基于合同的相对性和权利义务的对等性，审判法官认为，张某应当按照合同约定及时缴纳承包费，不能因为国家取消农业税收，就不缴纳承包费。

第二节　我国农业法律制度的现状

1994年，农业部第一次专门召开全国农业政策法规工作会议，研究部署全国农业法制工作。1996年农业部又发出了关于加强农业法制工作通知和加强行政执法工作的通知，要求各级农业部门重视并加强农业法制工作，加快立法进程，强化农业行政执法。党的十五届三中全会作出了“加强农业立法和执法，支持和保护农业”的战略部署，农业法制建设迈开了面向新世纪的建设步伐，加快了依法兴农、依法护农的进程。此外，在加强农业立法的同时，强化了农业法律的执法力度，不断提高依法行政水平。

一、我国农业法制建设取得的成就显著

农业是国民经济的基础，农业、农村和农民问题始终是关系我们党和国家全局的根本性问题。党中央、全国人大常委会、国务院历来高度重视农业、农村和农民问题，制定了一系列方针、政策和法律、行政法规。

中央在部署“三农”工作时，进一步作出了对农业和农村经济结构进行战略性调整的重大决策，并对结构调整的内涵作了深刻的论述。中央更加明确地提出，推进农业和农村经济结构战略性调整，要把努力增加农民收入作为基本目标。

我国农业领域的法律、法规体系框架已经基本形成。主要是：

为保障农业在国民经济中的基础地位，发展农村社会主义市场经济，维护农业生产经营组织和农业劳动者的合法权益，促进农业的持续、稳定、协调发展，制定了农业法；为加强农业资源和环境保护，促进农业可持续发展，制定了土地管理法、森林法、草原法、渔业法、水法、水土保持法、水污染防治法、野生动物保护法、防沙治沙法等法律，制定了基本农田保护条例、草原防火条例、水产资源繁殖保护条例、野生植物保护条例、森林采伐更新管理办法、野生药材资源保护管理条例、森林防火条例、森林病虫害防治条例、陆生野生动物保护实施条例等行政法规；为促使农业科研成果和实用技术尽快应用于农业生产，促进农业的发展，实现农业现代化，制定了农业技术推广法、植物新品种保护条例等法律法规；为减少农业自然灾难，保障农业生产安全，制定了防洪法、气象法、动物防疫法、进出境动植物检疫法等法律，制定了农业转基因生物安全管理条例、水库大坝安全管理条例、防汛

条例、蓄滞洪区运用补偿暂行办法等行政法规；为保护和合理利用种质资源、防治病虫害，制定了种子法、种畜禽管理条例、农药管理条例、兽药管理条例、饲料和饲料添加剂管理条例等法律法规；为规范农业生产经营主体，提高农业组织化水平，制定了乡镇企业法、乡村集体所有制企业条例等法律法规；为规范农产品流通和市场交易，制定了粮食收购条例、棉花质量监督管理条例、粮食购销违法行为处罚办法等行政法规；为保护农民合法权益，制定了村民委员会组织法、农民承担费用和劳务管理条例、耕地占用税暂行条例、农村五保供养工作条例等法律法规。

除这些规范农业领域的专门法律、行政法规外，还有大量法律法规和有关法律问题的决定涉及了农业、农村和农民问题。如民法通则、民族区域自治法、教育法、职业教育法、执业医师法、节约能源法、环境保护法、海洋环境保护法等法律；高等教育自学考试暂行条例、人民调解委员会组织条例、征收教育费附加的暂行规定、私营企业暂行条例、民族乡行政工作条例等行政法规。

总之，经过多年农业法制建设，我国农业领域基本上做到了有法可依。从总体上来看，这些法律、行政法规对规范、引导、保障和促进农业和农村经济的发展，发挥了十分重要的作用。

二、农业行政执法不断加强，行政执法水平逐步提高

随着农业领域法律制度的不断建立、完善，农业领域的行政执法不断得到加强，农业行政执法水平逐步提高。目前，我国已经初步建立了包括土地管理、森林保护、植物检疫、渔政管理、畜禽防疫检疫、种子管理、农机监理和农业环境保护等在内的农业行政执法体系，在维护农民的合法权益，保障农业和农村经济的发展方面发挥了积极作用。随着依法治国、依法行政进程的不断推进，各级涉农行政机关规范行政执法行为，完善行政执法程序，整顿行政执法队伍，逐步将行政执法本身纳入法制化的轨道。

三、农业行政执法监督不断加强

各级涉农行政机关在自觉接受本级人大的监督、群众监督、舆论监督的同时，进一步加强和完善行政复议等行政系统内部的层级监督和政纪、审计、财政等专项监督。一些地方和部门还认真研究、积极探索行政执法责任制和评议考核制，上级行政机关推动下级行政机关依法行使职权，推动行政机关合法、公开、公正、高效执法。

以案释法 09

农民工讨薪难背后的法律问题

2015年8月29日，百余名农民工聚集在某市某商品房项目部索要拖欠工资，与开发商交涉无果后，大量农民工在张某、戚某的带领下，前往该市著名景区聚集，并围堵景区大门，不准游客进出，希望以此方式向政府施压，达到索要工资的目的。当地派出所民警赶到现场，试图疏解在场农民工，并规劝他们要依法维权，让开通道，方便游客通行。可是，现场群情激愤，局面混乱。农民工们将民警代某围住，并抓扯、推搡，强制将其挟持至市政府，试图以此迫使政府向开发商施压。沿途引来大量市民围观，导致交通要道堵塞，秩序混乱。事发后，农民工曹某、董某、欧某三人当场被抓。其余五名主要组织者，主动投案自首。

2016年3月16日，法院用公开宣判大会的形式审判了这起讨薪案引发的纠纷。检察机关认为张某等八人讨薪行为过激，性质恶劣，以妨害公务罪对他们提起公诉。法院经审理认为，八名被告人以暴力方法阻碍国家机关工作人员依法执行公务，长时间堵塞交通要道，产生了恶劣影响，严重扰乱了社会管理秩序，他们的行为均已构成妨害公务罪。张某、戚某二人组织并煽动农民工滋事是主犯，曹某、欧某等六人起到辅助、次要作用，是从犯。综合八名被告人的犯罪情节，社会危害性和其认罪、悔罪态度，法院最终决定对八名被告人从轻处罚，判处其6至8个月不等的有期徒刑，并对其中犯罪情节较轻的两人适用缓刑。

释解

这起农民工讨薪演变为妨害公务罪的事件，在当地轰动一时。八名被告人均对自己冲动的行为追悔莫及，事件在敲响理性维权警钟的同时，也引发了社会广泛的争议。

1. 人民法院的公判审理的形式是否妥当

依照法律规定，法院审理刑事案件应该公开审理。这里的“公开”不应当是公判形式。我们知道，任何人在法院的判决生效之前都是无罪的，这些讨薪农民工在审判之前并不代表他们有罪，法院在大庭广众之下，进行所谓的“公开宣判”，有违现代注重人权保护的法治理念，我国宪法第三十八条规定，中华人民共和国公民人格尊严权不受侵犯。刑事诉讼法也明确规定了“尊重和保障人权”，因此犯罪嫌疑人的基本人权也应该得到尊重。

2. 用人单位以及农民工法律意识淡薄是欠薪行为大量存在的重要原因

相对于法院存在的司法瑕疵让人遗憾，人们似乎更加关注这起案件背后农民工讨薪难的问题。中央政府一再强调要保护农民工的利益，对于恶意欠薪行为要加大处罚力度，可是农民工讨薪的恶性事件依旧层出不穷。农民工讨薪方式违法酿成犯罪，也屡见不鲜。我们在反思农民工讨薪的同时，更应该惩处企业恶意欠薪，追责政府监管不力。农民工讨薪难背后，昭示的是法律保障农民工权益不足的问题。根据劳动法第五十条规定："工资应当以货币形式按月支付给劳动者本人。不得克扣或者无故拖欠劳动者的工资。"可现实中尤其是劳动力密集的建筑业、服装加工业等用人单位为了获得更多的资金用于其他业务的维持，产生更多的利润，往往喜欢拖延发放工资，导致大量欠薪。当然也有用人单位因为资金链紧张、三角债、工程款拨付不到位等客观原因无法按时支付农民工工资。

另外，由于农民工法律意识淡薄，很多用工单位在用工时没有同他们签订劳动合同，涉及工作时间、工作量、劳动报酬等合同的重要事项也往往通过口头约定来完成。这就导致在发生争议后，农民工举证困难，诉讼得不到法律支持等一系列后果。就算一些用人单位与农民工签订了劳动合同，但为了规避劳动法往往在关键部分如工资、年限、福利保障等处留空待填。当法院确认合同无效后，不再受国家法律保护的合同将不能作为有效证据。而农民工普遍存在文化程度低，不知如何通过法律途径维护自己的权益，导致在讨薪事件中，出现各种极端的讨薪手段和方式。上访、围堵、寻衅滋事，这些过激的行为不但严重干扰正常的社会秩序，也对讨薪人的自身权益构成极大的威胁。

3. 现行法律保护农民工劳动权益不足是欠薪行为高发的主要原因

（1）刑法对欠薪行为惩罚力度不够。2011年刑法修正案明确将恶意欠薪入罪。但在之后的几年里因恶意欠薪而被判刑的案件却寥寥无几，根据该修正案的规定，恶意欠薪入罪的前置条件是"经政府有关部门责令支付"。也就是说，只有经政府有关部门责令支付后拒不支付的，才能移送到公安机关。但往往会发生如下结果，政府施压、公安介入，欠薪者表示会在限时内如数发放工人工资。根据最高人民法院关于审理拒不支付劳动报酬的刑事案件适用法律若干问题的解释，刑事立案前支付劳动者的劳动报酬，并依法承担相应赔偿责任的，可以认定为情节显著轻微、危害不大，不认为是犯罪。对于"拒不支付劳动者的劳动报酬，造成严重后果"的，虽然会被追究刑事责任，但在宣判前支付劳动者的劳动报酬并依法承担相应赔偿责任的，可以酌情从宽处罚。这种情况下，欠薪者依旧存在侥幸心理，不到万不得已，依旧能欠就欠，能拖就拖。

（2）劳动法对违法行为处罚力度不够。在劳动关系的建立上，对用人单位不与农民工签订劳动合同的处罚只是责令改正，对仍未改正行为的，缺乏进一步的处罚措施。在工资支付方面，对拖欠、克扣工资等行为的，只是设定了最高一倍的赔偿金；对企业主拖欠、克扣工资等行为缺乏强制手段等。

（3）劳动保障监察执法缺少强制手段。在执法过程中，由于劳动保障监察条例赋予执法人员强制执行的手段有限，在处理农民工工资拖欠的现象时，劳动保障监察机构对违法单位仅能采取责令改正的方式，没有更加强硬的执法依据。

第三节　农业法律制度的发展与完善

农业的发展、农民的富裕、农村的稳定，直接关系到改革、发展、稳定的大局。全面建成小康社会，重点在农村，难点在农民。推进农村小康建设，必须以增强农产品竞争力、增加农业效益、增加农民收入为目标。农业法、畜牧法、渔业法、农产品质量安全法、种子法等法律的问世，对保障和促进农业和农村经济持续、快速、健康发展，保护农民合法权益起到了积极的作用。针对目前“三农”存在的诸多问题，农业法律制度需要发展与完善。

一、深化农村集体产权制度改革

以土地集体所有为基础的农村集体所有制，是社会主义公有制的重要形式，是实现农民共同富裕的制度保障。在土地集体所有基础上建立的农村集体经济组织制度，与村民自治组织制度相交织，构成了我国农村治理的基本框架，为中国特色农业农村现代化提供了基本的制度支撑。建立健全符合社会主义市场经济体制要求和社会主义初级阶段实际的农村集体产权制度，必须以保护农民集体经济组织成员权利为核心，以明晰农村集体产权归属、赋予农民更多财产权利为重点，探索社会主义市场经济条件下农村集体所有制经济的有效组织形式和经营方式，确保集体经济发展成果惠及本集体所有成员，进一步发挥集体经济优越性，进一步调动集体经济组织成员积极性。

（一）深化农村土地制度改革

坚守土地公有性质不改变、耕地红线不突破、农民利益不受损“三条底线”，防止犯颠覆性错误。深化农村土地制度改革的基本方向是：落实集体所有权，稳定农户承包权，放活土地经营权。落实集体所有权，就是落实“农民集体所有的不动产和动产，属于本集体成员集体所有”的法律规定，明确界定农民的集体成员权，明晰集体土地产权归属，实现集体产权主体清晰。稳定农户承包权，就是要依法公正地将集体土地的承包经营权落实到本集体组织的每个农户。放活土地经营权，就是允许承包农户将土地经营权依法自愿配置给有经营意愿和经营能力的主体，发展多种形式的适度规模经营。

一是开展农村土地征收、集体经营性建设用地入市、宅基地制度改革试点。及时总结经验、不断完善，形成可复制、可推广的改革成果。农村土地征收制度改革的基本思路是：缩小土地征收范围，规范土地征收程序，完善对被征地农民合理、规范、多元保障机制，建立兼顾国家、集体、个人的土地增值收益分配机制，合理提高个人收益。集体经营性建设用地制度改革的基本思路是：允许土地利用总体规划和城乡规划确定为工矿仓储、商服等经营性用途的存量农村集体建设用地，与国有建设用地享有同等权利，在符合规划、用途管制和依法取得的前提下，可以出让、租赁、入股，完善入市交易规则、服务监管制度和土地增值收益的合理分配机制。宅基地制度改革的基本思路是：在保障农户依法取得的宅基地用益物权基础上，改革完善农村宅基地制度，探索农民住房保障新机制，对农民住房财产权作出明确界定，探索宅基地有偿使用制度和自愿有偿退出机制，探索农民住房财产权抵押、担保、转让的有效途径。

二是深化农村土地承包经营制度改革。抓紧修改有关法律，落实中央关于稳定农村土地承包关系并保持长久不变的重大决策，适时就二轮承包期满后耕地延包办法、新的承包期限等内容提出具体方案。在基本完成农村集体土地所有权确权登记颁证的基础上，按照不动产统一登记原则，加快推进宅基地和集体建设用地使用权确权登记颁证工作。明确和提升农村土地承包经营权确权登记颁证的法律效力，扩大整省推进试点范围，总体上要确地到户，从严掌握确权确股不确地的范围。出台农村承包土地经营权抵押、担保试点指导意见。在有条件的地方开展农民土地承包经营权有偿退出试点。制定出台完善草原承包经营制度的文件，规范草原承包行为和管理方式，充分调动广大牧民保护和建设草原的积极性。引导农村集体所有的荒山、荒沟、荒丘、荒滩使用权有序流转。

三是健全耕地保护和补偿制度。严格实施土地利用总体规划，加强耕地保护，全面开展永久基本农田划定工作，实行特殊保护。完善土地复垦制度，盘活土地存量，建立土地复垦激励约束机制，落实生产建设毁损耕地的复垦责任。加大中低产田改造力度，以增加高产稳产基本农田、改善农业生产条件和生态环境为目标，完善农村土地整治办法。依法加强耕地占补平衡规范管理，强化耕地占补平衡的法定责任，完善占补平衡补充耕地质量评价体系，确保补充耕地数量到位、质量到位。完善耕地和基本农田保护补偿机制。采取更有力的措施，加强对耕地占补平衡的监管，坚决防止占多补少、占优补劣、占水田补旱田现象，杜绝违规占用林地、湿地补充耕地。进一步落实耕地保护政府领导干部离任审计制度。按照有关法律法规，完善和拓展城乡建设用地增减挂钩、“地票”等试点，推动利用城乡建设用地增减挂钩政策支持易地扶贫搬迁。

（二）分类推进农村集体资产确权到户和股份合作制改革

在确认农村集体经济组织成员身份、全面核实农村集体资产基础上，对土地等资源性资产，重点是抓紧抓实土地承包经营权确权登记颁证工作；对非经营性资产，重点是探索有利于提高公共服务能力的集体统一运营管理有效机制；对经营性资产，重点是将资产折股量化到本集体经济组织成员，赋予农民对集体资产更多权能，发展多种形式的股份合作。健全农村集体“三资”管理监督和收益分配制度。明确集体经济组织市场主体地位。建立符合实际需求的农村产权流转交易市场，保障农村产权依法自愿公开公正有序交易。现阶段农村集体产权制度改革严格限定在本集体经济组织内部进行，切实防止集体经济组织内部少数人侵占、支配集体资产，防止外部资本侵吞、控制集体资产。

二、加快构建新型农业经营体系

发展多种形式的农业适度规模经营是农业现代化的必由之路，必须以提高土地产出率、资源利用率、劳动生产率为核心，加快培育家庭农场、专业大户、农民合作社、农业产业化龙头企业等新型农业经营主体，构建符合国情和发展阶段的以农户家庭经营为基础、合作与联合为纽带、社会化服务为支撑的立体式、复合型现代农业经营体系，提高农业经营集约化、规模化、组织化、社会化、产业化水平。

（一）推动土地经营权规范有序流转

在农村耕地实行所有权、承包权、经营权“三权分置”的基础上，按照依法自愿有偿原则，引导农民以多种方式流转承包土地的经营权，以及通过土地经营权入股、托管等方式，发展多种形式的适度规模经营。把握好土地经营权流转、集中和规模经营的度，不片面追求超大规模经营，不搞大跃进，不搞强迫命令，不搞行政瞎指挥，使适度规模经营与农村劳动力转移、农业科技进步、农业社会化服务水平相适应。提升农户家庭经营能力和水平，重点发展以家庭成员为主要劳动力、以农业为主要收入来源、从事专业化集约化农业生产的规模适度的农户家庭农场，使之成为发展现代农业的有生力量。适时提出促进家庭农场发展的相关立法建议。

（二）加强农民合作社规范化建设

加强农民专业合作社和土地股份合作社规范化建设，深入推进示范社建设行动。鼓励农民合作社发展农产品加工业务，创新农业产业链组织形式和利益联接机制，构建农户、合作社、企业之间互利共赢的合作模式，让农民更多分享产业链增值收益。进一步创新财政支持农民合作社发展机制，允许政府项目直接投向符合条件的合作社。完善农民以承包土地经营权入股发展农业产业化经营的政策。

（三）培养职业农民队伍

制定专门规划和切实可行的政策，吸引年轻人务农，培育新型职业农民，造就高素质的新型农业生产经营者队伍。扶持有技能和经营能力的农民工返乡创办家庭农场、领办农民合作社，创立农产品加工、营销企业和农业社会化服务组织。

（四）健全工商资本租赁农地的监管和风险防范机制

对工商资本租赁农户承包地作出明确规定，建立严格的资格审查、项目监管和定期督查机制，禁止以农业为名圈占土地从事非农建设，防止“非粮化”现象蔓延。鼓励和支持工商企业发展适合企业化经营的现代种养业、农产品加工流通和农业社会化服务，向农业输入现代生产要素和经营模式。探索建立工商资本农地租赁风险保障金制度。

（五）推进农垦改革发展和全面深化供销合作社综合改革

研究出台推进农垦改革发展的政策措施，深化垦区集团化、农场企业化改革，创新行业指导管理体制、企业市场化经营体制、农场经营管理体制，明晰农垦国有资产权属关系，建立符合农垦特点的国有资产监管体制，进一步推进农垦办社会职能改革。按照为农服务的宗旨和政事分开、社企分开的方向，因地制宜推进体制改革和机制创新，把供销合作社打造成为与农民利益联结更紧密、为农服务功能更完备、市场化运作更高效的合作经济组织体系，使之成为服务农民生产生活的生力军和综合平台。

三、健全农业支持保护制度

对农业实行必要的支持保护是发展现代农业的客观需要，要坚持多予少取放活的基本方针，以保障主要农产品供给、促进农民增收、实现农业可持续发展为重点，加大农业支持保护力度，提高农业支持保护效能，完善农业生产激励机制，加快形成覆盖全面、指向明确、重点突出、措施配套、操作简便的农业支持保护制度。

（一）建立农业农村投入稳定增长机制

把农业农村作为财政支出的优先保障领域，中央预算内投资继续向农业农村倾斜，确保农业农村投入只增不减。进一步优化财政支农支出结构，转换财政资金投入方式，通过政府与社会资本合作、政府购买服务、担保贴息、以奖代补、民办公助、风险补偿等措施，带动金融和社会资本投向农业农村，发挥财政资金的引导和杠杆作用。大力清理、整合、规范涉农转移支付资金，对“小、散、乱”及效果不明显的涉农专项资金要坚决整治；对目标接近、投入方向类同的涉农专项资金予以整合；对地方具有管理信息优势的涉农支出，划入一般性转移支付切块下达，由地方统筹支配，落实监管责任。建立规范透明的管理制度，杜绝任何形式的挤占挪用、层层截留、虚报冒领，切实提高涉农资金投入绩效。合理划分中央与地方支农事权，明确政府间应承担和分担的支出责任，推进各级政府支农事权规范化、法律化。

（二）完善农产品价格形成机制和农产品市场调控制度

根据各类主要农产品在国计民生中的重要程度，采取“分品种施策、渐进式推进”的办法，完善农产品价格形成机制。改进并继续执行稻谷、小麦最低收购价政策。按照“价补分离”的思路，继续实施棉花和大豆目标价格改革试点，完善补贴发放办法。改革、完善玉米收储政策。改进农产品市场调控方式，避免政府过度干预，搞活市场流通，增强市场活力。完善农产品收储政策，坚持按贴近市场和保障农民合理收益的原则确定收储价格，降低储备成本，提高储备效率。加强粮食现代仓储物流设施建设，积极鼓励引导流通、加工等各类企业主体参与粮食仓容建设和农产品收储，规范收储行为，培育多元化市场主体。创新农产品流通方式，强化以信息化为支撑的农产品现代流通体系建设，大力发展农产品流通新型业态，发挥电子商务平台在联结农户和市场方面的作用。

（三）完善农业补贴制度

保持农业补贴政策连续性和稳定性，调整改进“黄箱”支持政策，逐步扩大“绿箱”支持政策实施规模和范围，提高农业补贴政策效能。开展农业补贴改革试点，将现行的“三项补贴”（农作物良种补贴、种粮直补、农资综合补贴）合并为“农业支持保护补贴”，优化补贴支持方向，突出耕地保护和粮食安全。保持与现有政策的衔接，调整部分存量资金和新增补贴资金向各类适度规模经营的新型农业经营主体倾斜，合理确定支持力度，不人为“垒大户”。进一步拓宽财政支农资金的渠道，突出财政对农业的支持重点，持续增加农业基础设施建设、农业综合开发投入，完善促进农业科技进步、加强农民技能培训的投入机制，强化对农业结构调整的支持，加大对农业投入品、农机具购置等的支持力度。健全粮食主产区利益补偿机制。健全快捷高效的补贴资金发放办法，鼓励有条件的地方探索对农民收入补贴的办法。

（四）深化农业科技体制改革

坚持科技兴农、人才强农，推进农业科研院所改革，打破部门条块分割，有效整合科技资源，建立协同创新机制，促进产学研、农科教紧密结合。完善科研立项和成果转化评价机制，强化对科技人员的激励机制，促进农业科研成果转化。扶持种业发展，做强一批“育繁推”一体化的大型骨干种子企业。完善基层农技推广服务体系，探索公益性农技推广服务的多种实现形式。

（五）建立农业可持续发展机制

推广减量化和清洁化农业生产模式，健全农业标准化生产制度，完善农业投入品减量提效补偿机制。发展生态循环农业，构建农业废弃物资源化利用激励机制。实施耕地质量保护与提升行动，加强重金属污染耕地治理和东北黑土地保护。深入推进退耕还林还草、还湿还湖、限牧限渔。完善森林、草原、湿地、水源、水土保持等生态保护补偿制度。建立健全生态保护补偿资金稳定投入机制。

（六）加快农村金融制度创新

坚持商业性金融、合作性金融、政策性金融相结合，健全政策支持、公平准入和差异化监管制度，扩大农村金融服务规模和覆盖面，创新农村金融服务模式，全面提升农村金融服务水平，促进普惠金融发展，加快建立多层次、广覆盖、可持续、竞争适度、风险可控的现代农村金融体系。健全金融机构农村存款主要用于农业农村的制度，完善政策性金融支持农业开发和农村建设的制度。进一步完善中国农业银行“三农金融事业部”的管理体制和运行机制，全面提升服务“三农”和县域经济的能力和水平。稳定农村信用社县域法人地位，完善治理结构。鼓励邮政储蓄银行拓展农村金融业务。鼓励组建政府出资为主、重点开展涉农担保业务的县域融资担保机构或担保基金。完善农村信贷损失补偿机制，探索建立地方财政出资的涉农信贷风险补偿基金。稳妥开展农村承包土地的经营权和农民住房财产权抵押贷款试点，创新和完善林权抵押贷款机制，拓宽“三农”直接融资渠道。坚持社员制、封闭性原则，在不对外吸储放贷、不支付固定回报的前提下，以具备条件的农民合作社为依托，稳妥开展农民合作社内部资金互助试点，引导其向“生产经营合作+信用合作”延伸。金融监管部门负责制定农村信用合作组织业务经营规则和监管规则，地方政府切实承担监管职责和风险处置责任。完善地方农村金融管理体制，推动地方建立市场化风险补偿机制，有效防范和化解地方金融风险。推进农村信用体系建设，开展新型农业经营主体信用评级与授信。完善农业保险制度，支持有条件的地区成立农业互助保险组织，扩大农业保险覆盖面，开发适合新型农业经营主体需求的保险品种，提高保障水平。深入开展农产品目标价格保险试点。研究完善农业保险大灾风险分散机制。

四、健全城乡发展一体化体制机制

城乡发展一体化是解决我国“三农”问题的根本途径，必须坚持工业反哺农业、城市支持农村的基本方针，协调推进城镇化和新农村建设，加快形成以工促农、以城带乡、工农互惠、城乡一体的新型工农城乡关系，努力缩小城乡发展差距。

（一）完善城乡发展一体化的规划体制

加快规划体制改革，构建适应我国城乡统筹发展的规划编制体系，完善各类规划编制、审批和实施监管制度，健全县市域空间规划衔接协调机制。尽快修订完善县域乡村建设规划和镇、乡、村庄规划，在乡镇土地利用总体规划控制下，探索编制村土地利用规划，提高规划科学性和前瞻性，强化规划约束力和引领作用。

（二）完善农村基础设施建设投入和建管机制

进一步加大公共财政对农村基础设施建设的投入力度。加快基础设施向农村延伸，探索建立城乡基础设施和公共服务设施互联互通、共建共享的机制。创新农村基础设施和公共服务设施决策、投入、建设和运行管护机制，建立自下而上的民主决策机制，通过村民自选、自建、自管、自用等方式，更好地发挥农民主体作用。积极引导社会资本参与农村公益性基础设施建设、管护和运营。

（三）加快推进户籍制度改革

充分考虑各类城镇的经济社会发展水平、综合承载能力和提供基本公共服务能力，细化完善和实施差别化落户政策，促进有能力在城镇稳定就业和生活的常住人口有序实现市民化。加快建立和实施居住证制度，以居住证为载体，逐步实现基本公共服务对常住人口的全覆盖。构建政府、企业、个人共同参与的农业转移人口市民化成本分担机制，明确各级政府承担的相应支出责任，增强吸纳农业转移人口较多地区政府公共服务保障能力。切实维护进城落户农民的土地承包权、宅基地使用权、集体收益分配权。

（四）完善城乡劳动者平等就业制度

进一步清理针对农民工就业的歧视性规定，保障城乡劳动者平等就业的权利；加强覆盖城乡的公共就业创业服务体系建设；完善就业失业登记管理制度；落实鼓励农村劳动力创业政策；落实农民工与城镇职工同工同酬原则，突出解决好农民工工资拖欠问题；扩大农民工参加城镇社会保障覆盖面，把进城落户的农业转移人口完全纳入城镇社会保障体系。完善社会保障关系转移接续政策。

五、加强和创新农村社会治理

随着市场化、工业化、城镇化的快速推进，农村社会治理面临新挑战，必须坚持党政主导、农民主体、社会协同，围绕提高农村基层治理水平，加强乡镇服务型政府建设，发挥好基层党组织在农村各类经济、社会组织中的领导核心作用，完善村民自治组织民主制度，形成规范有序、充满活力的乡村治理机制。

（一）加强农村基层党组织建设

认真贯彻党要管党、从严治党的要求，始终坚持农村基层党组织领导核心地位不动摇，深入整顿软弱涣散村党组织，把农村基层党组织建设成坚强的战斗堡垒，不断夯实党在农村基层执政的组织基础。创新完善农村基层党组织设置和活动方式，扩大组织覆盖和工作覆盖。加强乡村两级党组织班子建设，选好用好管好带头人，向软弱涣散村党组织和贫困村党组织选派第一书记。严肃农村基层党内政治生活，用严以修身、严以用权、严以律己和谋事要实、创业要实、做人要实的要求，加强党员日常教育管理，做好农村发展党员工作，发挥党员先锋模范作用。严肃处理违反党纪党规的行为，坚决查处挤占挪用惠农资金、侵占征地补偿款、侵吞集体资产等发生在农民身边的腐败行为，建立健全党组织领导下的村务监督机制，保持农村基层党组织的纯洁性和凝聚力。进一步加强农村基层服务型党组织建设，强化县乡村三级便民服务网络建设，多为群众办实事，贴近群众、团结群众、引导群众、赢得群众，带领群众共同脱贫致富奔小康。严格落实农村基层党建责任制，发挥县级党委“一线指挥部”作用，加大抓乡促村工作力度。

（二）健全农村基层民主管理制度

以扩大有序参与、推进信息公开、健全议事协商、强化权力监督为重点，健全村党组织领导的充满活力的村民自治机制，探索村民自治的有效实现形式。在有实际需要的地方，依托土地等集体资产所有权关系和乡村传统社会治理资源，开展以村民小组或自然村为基本单元的村民自治试点；在已经建立新型农村社区的地方，开展以农村社区为基本单元的村民自治试点。探索以村民会议、村民代表会议为载体，创新村民议事形式，完善议事决策主体和程序，落实群众知情权和决策权。建立务实管用的村务监督机制，理顺村务监督机构与其他村级组织的关系，切实发挥村务监督机构作用，落实群众监督权。积极探索村民议事会、村民理事会等协商形式，重视吸纳利益相关方、社会组织、驻村单位参加协商。研究明确村党组织、村民委员会、村务监督机构、农村集体经济组织的职能定位及相互关系。在进行农村集体产权制度改革、组建农村股份合作经济组织的地区，探索剥离村“两委”对集体资产经营管理的职能，开展实行“政经分开”试验，完善农村基层党组织领导的村民自治组织和集体经济组织运行机制。

（三）加强农村精神文明建设

加大农村思想道德建设力度，有针对性地开展社会主义核心价值观教育，提高农民综合素质，提升农村社会文明水平。开展文明村镇创建活动，修订乡规民约。充分发挥公共文化服务在农村精神文明建设中的平台和支撑作用，加强农村基层公共文化体育资源的整合利用，提高设施利用效能。建立广播电视村村通、文化信息资源共享、乡镇综合文化站、农村电影放映、农家书屋、体育健身等重点文化体育工程有效合作机制。采取政府购买、项目补贴、定向资助等方式，支持社会各类文化组织和机构参与农村公共文化服务。抓好农村业余文化骨干队伍建设，加强农村题材文艺作品的创作生产。保护和传承具有民族特色的农耕文明，加强农村地区的文化遗产保护。广泛开展具有乡土特色的文化活动，推动文化与特色农业有机结合，提升农产品文化附加值。引导和组织农民成立村民议事会、道德评议会、禁赌禁毒会、红白理事会，发挥乡规民约的积极作用。

（四）创新农村扶贫开发体制机制

着眼全面建成小康社会、不让农村贫困人口掉队的要求，分类施策，加快健全精准扶贫工作机制，完善贫困县考核机制，完善干部驻村帮扶机制，完善扶贫资金管理机制，完善金融服务机制，创新社会参与机制，建立扶贫对象动态调整机制，完善扶贫开发与农村低保有效衔接的机制。完善片区联系工作机制，推动片区规划实施与减少贫困人口的目标相结合，将政策、项目等落到实处。抓紧研究制定扶贫开发的重大举措，确保在既定时间节点打赢扶贫开发攻坚战，加快贫困群众脱贫致富、贫困地区全面建成小康社会步伐。

（五）深化农村行政执法体制改革

加强农村基层执法力量，推行对食品药品安全、工商质检、公共卫生、安全生产、文化旅游、资源环境、农林水利、交通运输、城乡建设、海洋渔业等领域的综合执法，确保有关法律法规执行，依法维护农村生产生活秩序，提高农村基层法治水平。

以案释法 10

关于城镇和农村人口不同标准的医疗赔偿纠纷

原告杨某是个体工商户，在农贸市场从事鲜鱼零售。2008年8月17日，杨某驾驶无号牌的三轮摩托车沿本市北三环路行驶，与被告胡某驾驶的轿车发生碰撞，造成原告受伤、车辆损坏的道路交通事故。被告胡某系一家出租汽车有限公司职工，其轿车在保险公司投保了机动车第三者责任强制保险和商业保险，保险期间自2008年5月24日零时起至2009年5月23日24时止。

2008年9月8日，交通警察大队作出交通事故认定书，认为原告未取得驾驶证驾驶机动车、驾驶无号牌的不符合技术标准的机动车上路行驶、驾驶机动车违反交通信号灯指示通行，被告胡某驾驶不符合技术标准的机动车上路行驶、驾驶机动车夜间行驶未按规定降低行驶速度、驾驶机动车违反交通信号灯指示通行，认定原告杨某与被告胡某承担此事故的同等责任。

事故发生后，原告被送入医院住院治疗，于同年9月3日出院，共住院22天，为治伤共花费医疗费用约3万元。2008年12月15日，经司法鉴定，原告因交通事故致右腿膝部外伤后膝关节功能受限的伤残等级为十级伤残、建议原告的后续治疗费为8000元。原告因后续治疗需护理1个月。

释解

本案中，关于对原告杨某的赔偿涉及城镇人口和农村人口不同赔偿标准的问题。根据2004年《最高人民法院关于审理人身损害赔偿案件适用法律若干问题的解释》（以下简称解释）规定，残疾赔偿金要根据受害人丧失劳动能力程度或者伤残等级，按照受诉法院所在地上一年度城镇居民人均可支配收入或者农村居民人均纯收入标准进行相应计算。被扶养人生活费根据扶养人丧失劳动能力程度，按照受诉法院所在地上一年度城镇居民人均消费性支出和农村居民人均年生活消费支出标准计算。可见，该解释对于伤残赔偿金、死亡赔偿金、被抚养人生活费等几个赔偿项目，采取了客观化赔偿，并区分为“城镇居民”与“农村居民”两个标准。

“城镇居民”并不等同于“非农业人口”，应包括以下人员：一是城镇居民，即户籍落在城镇的人员；二是几类特殊户籍人员，伴随我国有些地方城镇化发展趋势而进行的户籍制度改革，被登记为“自理口粮户口”“蓝印户口”“地方城镇居民户口”的人员也应定性为“城镇居民”；三是进城务工长期在城镇工作和生活的农业人口。其经济收入生活来源已与农村和农业生产相分离的人员，也应作为城镇常住人口，将其视作“城镇居民”。

此外，2006年4月，最高人民法院民一庭对云南省高级人民法院作出的《关于经常居住地在城镇的农村居民因交通事故伤亡如何计算赔偿费用的复函》指出：人身损害赔偿案件中，残疾赔偿金、死亡赔偿金和被扶养人生活费的计算，应当根据案件的实际情况，结合受害人住所地、经常居住地等因素，确定适用城镇居民人均可支配收入（人均消费性支出）或者农村居民人均纯收入（人均年生活消费支出）的标准。该复函于同年5月印发各高级法院参照适用。虽然该复函的相关精神并未形成正式的司法解释，但也可以说是对解释关于“城镇居民”和“农村居民”划分的具体解释，明确了虽然是农村户口，但在城市经商、居住，其经常居住地和主要收入来源地均为城市，有关损害赔偿费用应当根据当地城镇居民的相关标准计算。

最终，法院经审理认为，机动车发生交通事故造成人身伤亡、财产损失的，由保险公司在机动车第三者责任强制保险责任限额范围内予以赔偿。被告胡某应当对原告在机动车第三者责任强制保险责任赔偿限额范围外的其余损失承担相应的赔偿责任。对于被告胡某应承担的赔偿责任的比例，根据原告及被告在事故中的过错程度，可确定为50%。关于赔偿标准，原告虽为农村户口，但其系个体工商户，并没有以务农为生，其居住地和主要收入来源地均在城镇，故原告的有关损害赔偿费用应按本地城镇居民的标准计算。

第五章

农业管理

导读

农业的发展是关系到国计民生的重大问题。国家历来高度重视农业、农村和农民问题。1993年，农业法的出台从农业战略的高度肯定了农业在国民经济中的基础地位，为发展农村社会主义市场经济，维护农业生产经营组织和农业劳动者的合法权益，促进农业的持续、稳定、协调发展起到制度保障作用。与此同时，在农业宏观管理领域，相继出台了土地管理法、农村土地承包法、乡镇企业法、农业机械化促进法、农业技术推广法、农民专业合作社法等一系列法律对规范、引导、保障和促进农业经济的发展，解决“三农”突出问题发挥了积极的作用。

第一节　农业法

1993年7月2日，农业法颁布至今共进行了一次修订（2002年）和两次修改（2009年和2012年）。现行的农业法于2013年1月1日正式实施生效，共有13章，囊括农业生产经营体制、农业生产、农产品流通与加工、粮食安全、农业投入与支持保护、农业科技与农业教育、农业资源与农业环境保护、农民权益保护、农村经济发展、执法监督等方方面面的内容。

一、农业行政综合执法

（一）适用范围

农业行政综合执法范围，是指种植业、林业、畜牧业和渔业等产业，包括与其相关的产前、产中、产后的服务。各农业行政主管部门负责本行政区域的种植业、畜牧业、渔业等农业和农村经济发展工作。根据农业法规定具体包括：农业生产经营管理、农业技术推广管理、为农服务管理、农业投入品和农产品登记、审定、批准及质量安全管理，植物检疫及其监督管理，农业资源和农业环境保护，农业转基因生物安全和农业知识产权保护等。

（二）行政职权

1. 农业行政许可

农业行政许可，是指农业行政主体应行政管理相对人的申请，依法审查申请事项的真实性、合法性，并通过颁发许可证等形式，赋予行政管理相对人从事特定活动的权利能力的具体行政行为。如农业投入品的登记与审定，农药广告的批准发布，农作物种子生产、经营许可证的颁发。

2. 农业行政确认

农业行政确认，是指农业行政主体采用检疫、检验、鉴定等方法，就农业行政管理密切相关的相对人的法律事实，法律关系进行审查、甄别，并通过证明、登记、认定书等形式予以宣告的具体行政行为。

3. 农业行政检查

农业行政检查，是指农业行政主体依法对行政相对人是否履行法定义务或作出法律禁止性行为进行单方面、强制性的了解。通过行政检查、督促管理相对人履行法定义务，发现并纠正违法行为的具体行政行为。如我局根据上级要求、工作安排或受理投诉举报，依据种子法的规定，检查种子经营者是否具有种子经营许可证，是否建立了种子经营档案以及种子标签和种子质量，等等。

4. 农业行政处罚

农业行政处罚，是指农业行政主体依法对不履行法定义务，或作出法律法规禁止性行为（即违法行为），尚未构成犯罪的行政管理相对人，实施制裁的具体行政行为。

5. 农业行政征收

农业行政征收，是指农业行政主体为了国家和社会共同利益的需要，依法依规以强制的方式取得具有法定缴纳义务的行政管理相对人一定金钱或实物的一种具体行政行为。

6. 农业行政强制

农业行政强制，是指农业行政主体为实现一定的行政目的，依法对行政相对人的财产采取强制措施的具体行政行为。如植物携带检疫对象要强制销毁（无害化处理），在农业执法过程中的查封、扣押措施等。

二、农业基本法律制度

（一）农业生产经营体制

我国农业是以家庭经营为主，实行统分结合的经营体制。根据农业法第十条规定，国家实行农村土地承包经营制度，依法保障农村土地承包关系的长期稳定，保护农民对承包土地的使用权。另外，不宜采取家庭承包方式的荒山等农村土地，可以采取招标、拍卖、公开协商等方式承包。农村土地承包经营实现了农村土地承包人对其依法承包的土地享有占有、使用、收益和一定处分的权利。2002年8月29日通过的农村土地承包法使之趋于完善并增强可操作性。农村土地承包坚持公开、公平、公正的原则，正确处理国家、集体、个人三者的利益关系。

（二）保障农业生产

按照农业法的规定，县级以上各级人民政府在农业经济结构调整中的职责有：根据国民经济和社会发展的中长期规划、农业和农村经济发展的基本目标和农业资源区划，制定农业发展规划；制定政策，安排资金，引导和支持农业结构调整，协调发展种植业、林业、畜牧业和渔业，发展优质、高产、高效益的农业，提高农产品国际竞争力；采取措施，加强农业综合开发和农田水利、农业生态环境保护、乡村道路、农村能源和电网、农产品仓储和流通、动植物原种良种基地等农业和农村基础设施建设，改善农业生产条件，保护和提高农业综合生产能力；加强农田水利设施建设，建立健全农田水利设施的管理制度，发展节水型农业；大力支持为农业服务的气象事业的发展，提高对气象灾害的监测和预报水平；鼓励和扶持发展优质农产品生产；建立健全农业生产资料的安全使用制度，严格整治农资市场经营秩序。

（三）农产品质量安全管理

农产品质量安全是指农产品质量符合保障人的健康、安全的要求。要求农产品中不应含有可能损害或威胁人体健康的因素，不应导致消费者急性或慢性毒害，或感染疾病，或产生危害消费者及其后代健康的隐患。农产品质量安全管理主要措施是：健全农产品质量标准体系和质量检验检测监督体系；鼓励和扶持发展优质农产品生产；国家实行动植物防疫、检疫制度，健全动植物防疫、检疫体系；建立健全农业生产资料的安全使用制度。

（四）农产品流通与加工法律制度

根据农业法的规定，农产品购销的基本制度是实行市场调节，同时，国家实行必要的宏观调控，建立中央和地方分级储备调节制度，完善仓储运输体系。其主要措施是：完善农产品市场体系建设；扶植农产品加工业和食品工业；加强农产品进出口贸易制度建设。

（五）粮食安全法律制度

粮食安全要达到确保生产足够数量的粮食，最大限度地稳定粮食供应，确保所有需要粮食的人都能获得粮食。国家保障粮食安全的具体措施是：建立耕地保护制度；建立粮食主产区扶持制度；建立粮食保护价制度；建立粮食安全预警制度，采取措施保障粮食供给；建立粮食风险基金制度。

（六）农业投入与支持保护法律制度

农业由于自然的特殊属性，属于弱质产业，受环境条件影响较大，且生产方式的变革受一些客观因素影响而迟滞，因此需要政府的扶持。国家财政对农业投入坚持四项原则：统筹安排，协调增长；严格管理，讲求效益；鼓励和引导社会各方面力量增加农业投入；国家为加快西部开发，增加对西部地区农业发展和生态环境保护的投入。

农业投入资金的来源包括：国家农业投入；农业贷款；农业生产经营组织和农民对农业的投入；社会投入；农业利用外资等多种渠道。

（七）农业科技与农业教育

国家支持发展农业科技与农业教育事业。县级以上人民政府应当按照国家有关规定逐步增加农业科技经费和农业教育经费。国家保护植物新品种、农产品地理标志等知识产权，鼓励和引导农业科研、教育单位加强农业科学技术的基础研究和应用研究，传播和普及农业科学技术知识，加速科技成果转化与产业化，促进农业科学技术进步。国家在农村依法实施义务教育，并保障义务教育经费。国家在农村举办的普通中小学校教职工工资由县级人民政府按照国家规定统一发放，校舍等教学设施的建设和维护经费由县级人民政府按照国家规定统一安排。国家发展农业职业教育。国家采取措施鼓励农民采用先进的农业技术，支持农民举办各种科技组织，开展农业实用技术培训、农民绿色证书培训和其他就业培训，提高农民的文化技术素质。

（八）农民权益保护法律制度

根据农业法规定，关于农民权益保护具体包括：任何机关或者单位不得以任何方式要求农民或者农业生产经营组织提供人力、财力、物力的摊派；各级人民政府及其有关部门和所属单位不得以任何方式向农民或者农业生产经营组织集资。没有法律、法规依据或者未经国务院批准，任何机关或者单位不得在农村进行任何形式的达标、升级、验收活动；农村义务教育除按国务院规定收取的费用外，不得向农民和学生收取其他费用。禁止任何机关或者单位通过农村中小学校向农民收费；国家依法征用农民集体所有的土地，保护农民和农村集体经济组织的合法权益，依法给予农民和农村集体经济组织征地补偿，任何单位和个人不得截留、挪用征地补偿费用；保护农民土地承包权益，发展农村集体经济及公益事业。

（九）农村经济发展法律制度

农业法对农村经济发展的相关事宜专门作了规定。具体包括：城乡协调发展；发展乡镇企业，转移富余的农业劳动力；有重点地推进农村小城镇建设，引导乡镇企业发展；加强农村社会保障建设；促进农村公益事业发展；扶贫。

（十）农业资源与农业环境保护

农业法确立了保护和改善生态环境的目标，对土地资源的利用保护作了进一步规定，明确了各级人民政府的职责和任务，明确了各级人民政府在预防和治理水土流失、土地沙化方面的责任，明确了各级人民政府在保护林地、草原、水域及野生动物资源等方面的责任，确立了国家对退耕农民、转业渔民提供补助制度。

（十一）农业执法监督

根据农业法规定，县级以上人民政府农业行政主管部门和有关行政主管部门应当加强规划、指导、管理、协调、监督、服务职责，依法行政，公正执法；县级以上地方人民政府农业行政主管部门应当在其职责范围内健全行政执法队伍，实行综合执法，提高执法效率和水平；农业行政执法人员在履行监督检查职责时，应当向被检查单位或者个人出示行政执法证件，遵守执法程序；农业行政主管部门与农业生产、经营单位必须在机构、人员、财务上彻底分离；农业行政主管部门及其工作人员不得参与和从事农业生产经营活动。

三、法律责任

农业法规定了机关单位或个人违反所应承担的法律责任。

第一，国家工作人员利用职务便利或者以其他名义侵害农民和农业生产经营组织的合法权益的，应当赔偿损失，并由其所在单位或者上级主管机关给予行政处分。

第二，向农民或者农业生产经营组织违法收费、罚款、摊派的，上级主管机关应当予以制止，并予公告；已经收取钱款或者已经使用人力、物力的，由上级主管机关责令限期归还已经收取的钱款或者折价偿还已经使用的人力、物力，并由上级主管机关或者所在单位给予直接负责的主管人员和其他直接责任人员行政处分；情节严重，构成犯罪的，依法追究刑事责任。

以案释法 11

未经村委会同意签订的土地转包协议是否有效

陶某3年前与村委会签订了为期30年的土地承包合同。但近两年陶某一直在县城做生意，没有时间管理土地。今年春天陶某与邻居李某协商后，签订了土地转包协议，将承包的土地转包给李某经营。村委会得知后，以此事没有征得村委会同意为由，认定转包协议无效，并说陶某如果不承包土地，村委会就要提前收回承包土地。双方争执不下，陶某起诉至法院，请求法院保护其承包土地的转包权。

释解

根据农村土地承包法第十条规定，国家保护承包方依法、自愿、有偿地进行土地承包经营权流转。第三十二条规定，通过家庭承包取得的土地承包经营权可以依法采取转包、出租、互换、转让或者其他方式流转。土地承包经营权流转的主体是承包方。承包方有权依法自主决定土地承包经营权是否流转和流转的方式。同时该法第三十七条明确规定，土地承包经营权采取转包、出租、互换、转让或者其他方式流转，当事人双方应当签订书面合同。采取转让方式流转的，应当经发包方同意；采取转包、出租、互换或者其他方式流转的，应当报发包方备案。根据上述规定，陶某与邻居李某签订的是土地转包协议，不必经原发包方即村委会同意，只要报村委会备案即可。村委会以陶某不承包土地就要提前收回承包土地的说法没有法律依据。

第二节　土地管理

土地管理基本制度的核心是国家根据社会的需要，控制和引导土地的使用方向，严格限制农用地转为建设用地，特别重视耕地保护，合理配置土地资源，促进提高土地利用效率。

为了更好地做好全国的土地管理制度，1986年6月25日，全国人大常委会通过土地管理法。之后，该法进行了两次修正（1988年和2004年），一次修订（1998年）。为了稳固农村土地生产经营，1998年国务院发布基本农田保护条例，2002年全国人大常委会通过农村土地承包法。

一、土地所有权

土地所有权是指土地所有者依法对自己的土地所享有的占有、使用、收益和处分的权利。我国土地管理法规定，城市市区的土地属于国家所有。农村和城郊的土地，除法律规定属于国家所有外，属于农民集体所有；宅基地、自留山，属于农民集体所有。在我国，土地所有权的权利主体只能是国家和农民集体，其他任何组织和公民个人都不享有土地所有权。

我国土地所有权分为国家土地所有权和集体土地所有权。我国宪法、民法通则、土地管理法等法律，对国家土地所有权作了明确规定。

二、土地使用权

（一）国家和农民集体土地使用权

土地使用权，是指单位或者个人依法或依约定，对国有土地或集体土地所享有的占有、使用、收益和有限处分的权利。在我国，土地使用权可以划分为两大类：国有土地使用权和农民集体土地使用权。

国有土地使用权是指国有土地的使用人依法利用土地并取得收益的权利。国有土地使用权的取得方式有划拨、出让、出租、入股等。有偿取得的国有土地使用权可以依法转让、出租、抵押和继承。划拨土地使用权在补办出让手续、补缴或抵交土地使用权出让金之后，才可以转让、出租、抵押。

农民集体土地使用权是指农民集体土地的使用人依法利用土地并取得收益的权利。农民集体土地使用权可分为农用土地使用权、宅基地使用权和建设用地使用权。

（二）土地使用权的流转方式

土地使用权可以出让、转让、买卖、出租、划拨、继承等。

出让。土地使用权出让是国家以土地所有人的身份将土地使用权在一定期限内让与土地使用者，由土地使用者向国家支付土地使用权出让金的行为。土地使用权出让有拍卖、招标和协议三种方式。

转让。土地使用权转让是指通过出让方式取得国有土地使用权的单位和个人，将土地使用权再转移的行为，如出售、交换、赠与等。

出租。土地使用权出租是指土地使用者作为出租人将土地使用权随同地上建筑物、其他附着物租赁给承租人使用，由承租人向出租人支付租金的行为。未按土地使用权出让合同规定的期限和条件投资开发、利用土地的，土地使用权不得出租。

买卖。土地使用权买卖是指土地使用权人以获取价款为目的将自己的土地使用权转移给其他公民或法人，后者获得土地使用权并支付价款的行为。

划拨。土地使用权划拨是指国家依法按照一定的程序将国有建设用地的使用权无偿地转移给建设用地者。土地使用者以无偿方式取得土地使用权，但需要支付给原土地使用者拆迁安置及各项补偿费用。

继承。土地使用权继承是指公民按照法律规定或者合法有效的遗嘱取得死者生前享有的土地使用权的行为。继承人除继承土地的使用权外，其地上附着物的所有权也随之得到继承。

三、非法占用土地

非法占用土地的行为是指行为人违反土地管理法律、法规的规定，未经合法有效的批准而占用土地的行为。

根据我国现行土地管理法律、法规的规定，非法占用土地的行为有以下几种表现形式：未经批准，擅自占用土地的；采用各种欺骗手段，骗取批准而非法占用土地的；超过批准的数量，多占土地的；非法批准、使用土地的当事人拒不归还的；在土地利用总体规划确定的禁止开垦区内进行开垦的。

根据土地管理法第七十六条规定，非法占地行为承担的法律责任，包括责令退还非法占用的土地；限期拆除在非法占用的土地上新建的建筑物和其他设施，比如，违反土地利用总体规划擅自将农用地改为建设用地的；没收在非法占用的土地上新建的建筑物和其他设施，以上可并处罚款，按照土地管理法实施条例规定处非法占用土地每平方米30元以下罚款。

四、农村建设用地

农村建设用地指乡村中的集体以及个人因建设需要而使用的土地，它是建设用地的一个组成部分，但所使用的为集体所有的土地，虽然情况不同，但仍然需要依法管理。土地管理法对乡村建设用地主要规定有：

农村建设用地符合规划。农村建设用地应当符合乡（镇）土地利用总体规划和土地利用年度计划，由农用地转用的必须经过依法审批，绝不能认为是集体的土地就可以随意使用，放松管理。

农村建设用地审批。举办企业、兴建公共设施、兴办公益事业使用土地，都要依法申请并经过批准，并且专门规定，涉及占用农用地的，要依法办理转用的审批手续。

农村村民一户一处宅基地。农村村民一户只能拥有一处宅基地，这是一项重要的规则，适用于所有的农村，只有这样才能保护农民的合法利益。这里所指的村民，只应是农村集体经济组织的成员，并不是原来所指的含混的“农村居民”。农村村民出卖、出租住房后，就不应再享有被分配宅基地的权利，因为这种权利仅能享有一次。

农村村民未经批准或者采取欺骗手段骗取批准，非法占用土地建住宅的，由县级以上人民政府土地行政主管部门责令退还非法占用的土地，限期拆除在非法占用的土地上新建的房屋。单位未经批准或者采取欺骗手段骗取批准，非法占用土地的，由县级以上人民政府土地行政主管部门责令退还非法占用的土地。依非法占用土地是否符合总体规划为标准，或限期拆除或没收土地上新建建筑和其他设施，并处罚款，对主要或直接责任人员，依法给予行政处分，构成犯罪的，依法追究刑事责任。

五、我国耕地保护措施

耕地保护是土地管理法的重要内容，也是这部法律的核心所在，所以专列一章，确立了一系列的对耕地实行严格保护的法律规范。

（一）耕地保护的原则

耕地保护的三大原则为：一是严格控制耕地转为非耕地，切实保护耕地是基本国策，土地管理法律法规贯彻落实对耕地实行特殊保，将保护耕地提高到了中华民族生存和整个社会稳定的高度来对待。二是占用耕地补偿制度，占用耕地的要“占多少，垦多少”，没有条件开垦或者开垦的耕地不符合要求的，就应当缴纳耕地开垦费，以省为单位，确保本行政区域内耕地总量不减少。三是基本农田保护制度，基本农田是为了保证主要农产品基本需求而划定并严加保护的耕作区域，土地管理法对基本农田的划定范围作的具体规定是有重要作用的，可以使应该保护的农田划入进来，防止该划入的不划入，不该划入的而形式上划入充当其数。为了能准确地划定基本农田保护区，土地管理法还规定，基本农田保护区以乡（镇）为单位进行划区定界，由县级人民政府土地部门会同农业部门组织实施。

（二）耕地保护的必要措施

为了严格地保护耕地，土地管理法有针对性地作出了若干特别规定，包括：应当采取措施，改良土壤，提高土地肥力；节约使用土地，能利用荒地、劣地的，不得占用耕地、好地；禁止破坏耕地，防止土地荒漠化、水土流失、盐渍化、污染土地等；禁止任何单位和个人闲置、荒芜耕地，对已闲置、荒芜的耕地采取严厉的措施；鼓励合理地开发未利用土地；鼓励土地整理，改造中、低产田，整治闲散地和废弃地；对因挖损、塌陷、压占等使土地遭到破坏的，应当进行复垦，优先用于农业。这些规定是将实践中证明了的有效措施上升为法律，以更有力地保护耕地，对一些破坏、浪费土地的行为列为法律禁止的事项，加大了保护耕地的力度。

以案释法 12

村委会不予发放占地补偿款纠纷案

原告张某系北京市昌平区某村农民，2012年将户口迁入该村。2014年12月17日，该村向张某核发了农户土地承包经营权确权确利证书，该证书载明原告家庭确权人口数为4人，土地收益交付办法为当年收益下年1月分配。后由于昌平城区建设，征用原告土地，补偿原告六千余万元。该村村委会召开村民代表大会，确定外来人口不予发放占地补偿款的方案。张某认为其补偿权益受到侵犯，遂将村委会诉至昌平区人民法院。

释解

原告系农业户口，2014年12月原告取得农户土地经营承包权确权确利证书，确定原告为集体经济组织成员，每人拥有该村1.68亩土地承包经营权，依确权确利证书享有农村集体组织成员同等收益分配的权利；而该村村委会以通过村民代表大会决议的形式，通过不予原告分配土地补偿款的决定，违反了农村土地承包经营法的规定，侵犯了原告张某作为集体组织成员对土地补偿费用的享有权。因此，根据法律规定，法院判决被告应当支付原告相应的土地补偿款。

第三节　乡镇企业

为了扶持和引导乡镇企业持续健康发展，保护乡镇企业的合法权益，规范乡镇企业的行为，繁荣农村经济，促进社会主义现代化建设。1996年10月29日八届全国人大常委会通过乡镇企业法，自1997年1月1日起施行。

一、概述

（一）乡镇企业

乡镇企业，是指农村集体经济组织或者农民投资为主，在乡镇（包括所辖村）举办的承担支援农业义务的各类企业。所谓的投资为主，是指农村集体经济组织或者农民投资超过百分之五十，或者虽不足百分之五十，但能起到控股或者实际支配作用。乡镇企业符合企业法人条件的，依法取得企业法人资格。乡镇企业是农村经济的重要支柱和国民经济的重要组成部分。

（二）国家鼓励

1. 政策扶持

（1）宏观指导。国家对乡镇企业积极扶持、合理规划、分类指导、依法管理。国家鼓励和重点扶持经济欠发达地区、少数民族地区发展乡镇企业，鼓励经济发达地区的乡镇企业或者其他经济组织采取多种形式支持经济欠发达地区和少数民族地区举办乡镇企业。

（2）贷款优惠。国家运用信贷手段，鼓励和扶持乡镇企业发展。对于符合前条规定条件之一并且符合贷款条件的乡镇企业，国家有关金融机构可以给予优先贷款，对其中生产资金困难且有发展前途的可以给予优惠贷款。

（3）对外交流。国家鼓励乡镇企业开展对外经济技术合作与交流，建设出口商品生产基地，增加出口创汇。具备条件的乡镇企业依法经批准可以取得对外贸易经营权。

2. 宏观管理

国务院乡镇企业行政管理部门和有关部门按照各自的职责对全国的乡镇企业进行规划、协调、监督、服务；县级以上地方各级人民政府乡镇企业行政管理部门和有关部门按照各自的职责对本行政区域内的乡镇企业进行规划、协调、监督、服务。

经依法登记设立的乡镇企业，应当向当地乡镇企业行政管理部门办理登记备案手续。

乡镇企业改变名称，住所或者分立、合并、停业、终止等，依法办理变更登记、设立登记或者注销登记后，应当报乡镇企业行政管理部门备案。

（三）乡镇企业权属

农村集体经济组织投资设立的乡镇企业，其企业财产权属于设立该企业的全体农民集体所有。农村集体经济组织与其他企业、组织或者个人共同投资设立的乡镇企业，其企业财产权按照出资份额属于投资者所有。农民合伙或者单独投资设立的乡镇企业，其企业财产权属于投资者所有。

二、乡镇企业经营管理

（一）经营权受保护

乡镇企业按照法律、行政法规规定的企业形式设立，投资者依照有关法律、行政法规决定企业的重大事项，建立经营管理制度，依法享有权利和承担义务。乡镇企业依法实行独立核算，自主经营，自负盈亏。具有企业法人资格的乡镇企业，依法享有法人财产权；国家保护乡镇企业的合法权益；乡镇企业的合法财产不受侵犯；任何组织或者个人不得违反法律、行政法规干预乡镇企业的生产经营，撤换企业负责人；不得非法占有或者无偿使用乡镇企业的财产。

（二）民主管理

乡镇企业依法实行民主管理，投资者在确定企业经营管理制度和企业负责人，作出重大经营决策和决定职工工资、生活福利、劳动保护、劳动安全等重大问题时，应当听取本企业工会或者职工的意见，实施情况要定期向职工公布，接受职工监督。

（三）税收优惠

国家根据乡镇企业发展的情况，在一定时期内对乡镇企业减征一定比例的税收。减征税收的税种、期限和比例由国务院规定。

国家对符合下列条件之一的中小型乡镇企业，根据不同情况实行一定期限的税收优惠：集体所有制乡镇企业开办初期经营确有困难的；设立在少数民族地区、边远地区和贫困地区的；从事粮食、饲料、肉类的加工、贮存、运销经营的；国家产业政策规定需要特殊扶持的。

（四）乡镇企业发展基金

1. 设立乡镇企业发展基金

县级以上人民政府依照国家有关规定，可以设立乡镇企业发展基金。基金由下列资金组成：（1）政府拨付的用于乡镇企业发展的周转金；（2）乡镇企业每年上缴地方税金增长部分中一定比例的资金；（3）基金运用产生的收益；（4）农村集体经济组织、乡镇企业、农民等自愿提供的资金。

2. 乡镇企业发展基金使用范围

乡镇企业发展基金专门用于扶持乡镇企业发展，其使用范围如下：（1）支持少数民族地区、边远地区和贫困地区发展乡镇企业；（2）支持经济欠发达地区、少数民族地区与经济发达地区的乡镇企业之间进行经济技术合作和举办合资项目；（3）支持乡镇企业按照国家产业政策调整产业结构和产品结构；（4）支持乡镇企业进行技术改造，开发名特优新产品和生产传统手工艺产品；（5）发展生产农用生产资料或者直接为农业生产服务的乡镇企业；（6）发展从事粮食、饲料、肉类的加工、贮存、运销经营的乡镇企业；（7）支持乡镇企业职工的职业教育和技术培训；（8）其他需要扶持的项目。

三、乡镇企业发展应该遵守国家法律

（一）符合国家产业政策

乡镇企业应当按照市场需要和国家产业政策，合理调整产业结构和产品结构，加强技术改造，不断采用先进的技术、生产工艺和设备，提高企业经营管理水平。

（二）合法利用土地

举办乡镇企业，其建设用地应当符合土地利用总体规划，严格控制、合理利用和节约使用土地，凡有荒地、劣地可以利用的，不得占用耕地、好地。举办乡镇企业使用农村集体所有的土地的，应当依照法律、法规的规定，办理有关用地批准手续和土地登记手续。乡镇企业使用农村集体所有的土地，连续闲置两年以上或者因停办闲置一年以上的，应当由原土地所有者收回该土地使用权，重新安排使用。

（三）合理开发和使用自然资源

乡镇企业应当依法合理开发和使用自然资源。镇企业从事矿产资源开采，必须依照有关法律规定，经有关部门批准，取得采矿许可证、生产许可证，实行正规作业，防止资源浪费，严禁破坏资源。

（四）依法纳税

乡镇企业应当依法办理税务登记，按期进行纳税申报，足额缴纳税款。各级人民政府应当依法加强乡镇企业的税收管理工作，有关管理部门不得超越管理权限对乡镇企业减免税。

（五）加强产品质量管理

乡镇企业应当加强产品质量管理，努力提高产品质量；生产和销售的产品必须符合保障人体健康，人身、财产安全的国家标准和行业标准；不得生产、销售失效、变质产品和国家明令淘汰的产品；不得在产品中掺杂、掺假，以假充真，以次充好。

（六）重视知识产权保护

乡镇企业应当依法使用商标，重视企业信誉；按照国家规定，制作所生产经营的商品标识，不得伪造产品的产地或者伪造、冒用他人厂名、厂址和认证标志、名优标志。

（七）重视环境保护

乡镇企业建设对环境有影响的项目，必须严格执行环境影响评价制度。乡镇企业不得采用或者使用国家明令禁止的严重污染环境的生产工艺和设备；不得生产和经营国家明令禁止的严重污染环境的产品。排放污染物超过国家或者地方规定标准，严重污染环境的，必须限期治理，逾期未完成治理任务的，依法关闭、停产或者转产。

（八）注意劳动保护、劳动安全

乡镇企业必须遵守有关劳动保护、劳动安全的法律、法规，认真贯彻执行安全第一、预防为主的方针，采取有效的劳动卫生技术措施和管理措施，防止生产伤亡事故和职业病的发生；对危害职工安全的事故隐患，应当限期解决或者停产整顿。严禁管理者违章指挥，强令职工冒险作业。发生生产伤亡事故，应当采取积极抢救措施，依法妥善处理，并向有关部门报告。

四、法律责任

（一）监管不当

有下列行为之一的，由县级以上人民政府乡镇企业行政管理部门责令改正：非法改变乡镇企业所有权的；非法占有或者无偿使用乡镇企业财产的；非法撤换乡镇企业负责人的；侵犯乡镇企业自主经营权的。

（二）非法收费、摊派或者罚款

乡镇企业有权向审计、监察、财政、物价和乡镇企业行政管理部门控告、检举向企业非法收费、摊派或者罚款的单位和个人。有关部门和上级机关应当责令责任人停止其行为，并限期归还有关财物。对直接责任人员，有关部门可以根据情节轻重，给予相应的处罚。

（三）违法经营生产

乡镇企业违反国家产品质量、环境保护、土地管理、自然资源开发、劳动安全、税收及其他有关法律、法规的，除依照有关法律、法规处理外，在其改正之前，应当根据情节轻重停止其享受乡镇企业法规定的部分或者全部优惠。

乡镇企业违反规定不承担支援农业义务的，由乡镇企业行政主管部门责令改正，在其改正之前，可以停止其享受本法规定的部分或者全部优惠。

以案释法 13

免职乡镇企业经理贪污房产权属被撤销

王某在担任某乡镇企业造纸工业公司的经理被免职后，未办理交接手续，并利用职务上的便利，向房管局提供虚假的房屋办证手续，将原属于乡镇企业的一套房产过户到其妻张某名下，后法院认定王某利用职务上的便利，侵吞国有资产，其行为已构成贪污罪。该县房产管理局于2012年12月28日下达了行政决定书撤销王某其妻张某的房产证。王某不服提起行政诉讼，诉称其在退休之后经公司批准并报主管部门同意申办房产证。他早前向该乡镇企业造纸工业公司缴纳了房改款。因此，该造纸工业公司只能通知王某缴纳剩余的房改款，而不能撤销他的房屋所有权证，请求撤销房管局的行政决定。

释解

该县房产管理局作为房产行政主管部门，具有房屋登记的法定职权。房产管理局依据法院的刑事判决作出撤销王某其妻房产证的行政决定，认定事实清楚，证据确凿，适用法律、法规正确，符合法定程序。

第四节　农民专业合作社

为了支持、引导农民专业合作社的发展，规范农民专业合作社的组织和行为，保护农民专业合作社及其成员的合法权益，促进农业和农村经济的发展。2006年10月31日，全国人大会常委会通过农民专业合作社法，自2007年7月1日起施行。

一、农民专业合作社概述

农民专业合作社是在农村家庭承包经营基础上，同类农产品的生产经营者或者同类农业生产经营服务的提供者、利用者，自愿联合、民主管理的互助性经济组织。农民专业合作社以其成员为主要服务对象，提供农业生产资料的购买，农产品的销售、加工、运输、贮藏以及与农业生产经营有关的技术、信息等服务。

农民专业合作社依法登记，取得法人资格。农民专业合作社对由成员出资、公积金、国家财政直接补助、他人捐赠以及合法取得的其他资产所形成的财产，享有占有、使用和处分的权利，并以上述财产对债务承担责任。农民专业合作社成员以其账户内记载的出资额和公积金份额为限对农民专业合作社承担责任。

二、农业合作社设立

（一）设立

1. 设立条件

设立农民专业合作社，应当具备下列条件：（1）有五名以符合法律规定的成员；（2）有符合本法规定的章程；（3）有符合本法规定的组织机构；（4）有符合法律、行政法规规定的名称和章程确定的住所；（5）有符合章程规定的成员出资。

2. 设立大会行使下列职权

设立农民专业合作社应当召开由全体设立人参加的设立大会。设立时自愿成为该社成员的人为设立人。设立大会行使下列职权：（1）通过本社章程，章程应当由全体设立人一致通过；（2）选举产生理事长、理事、执行监事或者监事会成员；（3）审议其他重大事项。

（二）设立登记

设立农民专业合作社，应当向工商行政管理部门提交下列文件，申请设立登记：（1）登记申请书；（2）全体设立人签名、盖章的设立大会纪要；（3）全体设立人签名、盖章的章程；（4）法定代表人、理事的任职文件及身份证明；（5）出资成员签名、盖章的出资清单；（6）住所使用证明；（7）法律、行政法规规定的其他文件。

登记机关应当自受理登记申请之日起二十日内办理完毕，向符合登记条件的申请者颁发营业执照。农民专业合作社法定登记事项变更的，应当申请变更登记。

三、农业合作社的组织机构

（一）成员大会

农民专业合作社成员大会行使下列职权：（1）修改章程；（2）选举和罢免理事长、理事、执行监事或者监事会成员；（3）决定重大财产处置、对外投资、对外担保和生产经营活动中的其他重大事项；（4）批准年度业务报告、盈余分配方案、亏损处理方案；（5）对合并、分立、解散、清算作出决议；（6）决定聘用经营管理人员和专业技术人员的数量、资格和任期；（7）听取理事长或者理事会关于成员变动情况的报告；（8）章程规定的其他职权。

农民专业合作社召开成员大会，出席人数应当达到成员总数三分之二以上。

成员大会选举或者作出决议，应当由本社成员表决权总数过半数通过；作出修改章程或者合并、分立、解散的决议应当由本社成员表决权总数的三分之二以上通过。章程对表决权数有较高规定的，从其规定。

（二）临时成员大会

农民专业合作社成员大会每年至少召开一次，会议的召集由章程规定。有下列情形之一的，应当在二十日内召开临时成员大会：百分之三十以上的成员提议；执行监事或者监事会提议；章程规定的其他情形。

（三）农民专业合作社管理人

农民专业合作社设理事长一名，可以设理事会。理事长为本社的法定代表人。农民专业合作社可以设执行监事或者监事会。理事长、理事、经理和财务会计人员不得兼任监事。农民专业合作社的理事长、理事和管理人员不得有下列行为：侵占、挪用或者私分本社资产；违反章程规定或者未经成员大会同意，将本社资金借贷给他人或者以本社资产为他人提供担保；接受他人与本社交易的佣金归为已有；从事损害本社经济利益的其他活动。

不得兼任业务性质相同的其他农民专业合作社的理事长、理事、监事、经理。

执行与农民专业合作社业务有关公务的人员，不得担任农民专业合作社的理事长、理事、监事、经理或者财务会计人员。

四、法律责任

（一）侵犯合作社财产

侵占、挪用、截留、私分或者以其他方式侵犯农民专业合作社及其成员的合法财产，非法干预农民专业合作社及其成员的生产经营活动，向农民专业合作社及其成员摊派，强迫农民专业合作社及其成员接受有偿服务，造成农民专业合作社经济损失的，依法追究法律责任。

（二）违法设立登记

农民专业合作社向登记机关提供虚假登记材料或者采取其他欺诈手段取得登记的，由登记机关责令改正；情节严重的，撤销登记。

（三）违反财务制度管理

农民专业合作社在依法向有关主管部门提供的财务报告等材料中，作虚假记载或者隐瞒重要事实的，依法追究法律责任。

以案释法 14

农业专业合作社借款保证合同纠纷

2012年1月20日，原告农联合作社成立于2009年11月12日，具有独立法人资格，业务范围：为本社成员提供农业生产经营有关的经济信息、技术服务。

原告与被告李某签订保证借款合同，合同约定李某向农联合作社申请使用互助资金2万元，借款期限自2012年1月20日至2012年2月20日，借款利息为月息1.35%，合计279元；2012年2月20日到期归还本息合计人民币20279元整互助资金。如借款到期，从逾期之日起向农联合作社支付逾期本金总额的3‰的违约金（按日计算）。被告张某作为担保人签字，保证方式为连带担保责任，保证范围包括借款本息、违约金、诉讼费等费用。合同签订后，农联合作社向李某发放互助资金2万元。借款到期后，李某未能偿还借款本息，农联合作社诉至法院。

释解

根据农民专业合作社法规定，合作社具有独立的法人资格，原、被告所签订的保证借款合同合法有效，当事人应当全面履行合同义务。根据《最高人民法院关于人民法院审理借贷案件的若干意见》规定，民间借贷的利率可以适当高于银行的利率，但最高不得超过银行同类贷款利率的四倍。超出此限度的，超出部分的利息不予保护。中国人民银行公布的自2012年1月20日至2012年2月20日期间的银行六个月内贷款基准利率为6.1%，经计算，该主张未超出依据同类贷款利率的四倍计算的利息，受法律保护。被告张某为被告李某的借款行为向原告农联合作社提供了连带责任保证，其应该承担连带返还责任。

第五节　农业机械化促进

为了鼓励、扶持农民和农业生产经营组织使用先进适用的农业机械，促进农业机械化，建设现代农业，2004年6月25日，十届全国人大常委会十次会议通过农业机械化促进法，自2004年11月1日起施行。

一、概述

农业机械化是指运用先进适用的农业机械装备农业，改善农业生产经营条件，不断提高农业的生产技术水平和经济效益、生态效益的过程。

二、农业机械质量保障

农业机械生产者、销售者对其生产、销售的农业机械产品质量负责，并按照国家有关规定承担零配件供应和培训等售后服务责任。根据产品质量法及国家经贸委、国家技术监督局、国家工商行政管理局、国内贸易部、机械工业部、农业部《农业机械产品修理、更换、退货责任规定》的有关规定。

（一）农业机械生产者应履行下列义务

不存在危及人身、财产安全的不合理的危险，有保障人体健康和人身、财产安全的国家标准、行业标准的，应当符合该标准；农业机械生产者应按照国家标准、行业标准和保障人身安全的要求，在其生产的农业机械产品上设置必要的安全防护装置、警示标志和中文警示说明。

具备产品应当具备的使用性能，农业机械产品不符合质量要求的，农业机械生产者、销售者应当负责修理、更换、退货；给农业机械使用者造成农业生产损失或者其他损失的，应当依法赔偿损失。

产品应当具有产品合格证、产品使用说明书、“三包”（修理、更换、退货）凭证和有关技术文件产品使用说明书应当按照国家标准规定的要求编写。

整机应当按照装箱单装齐随机（车）工具、附件、备件产品包装和防锈处理应当符合国家标准和运输部门的要求，切实起到保护产品的作用。

在产品销售地区设立维修网点，负责指导处理重大疑难质量问题等事项。

（二）农业机械销售者应履行下列义务

认真执行进货检查验收制度；不准销售不符合法定标识要求的产品以及假冒伪劣产品；保持销售的产品的质量等。

三、农业机械推广

国家支持向农民和农业生产经营组织推广先进适用的农业机械产品。推广农业机械产品，应当适应当地农业发展的需要。

国务院农业行政主管部门会同国务院财政部门、经济综合宏观调控部门，根据促进农业结构调整、保护自然资源与生态环境、推广农业新技术与加快农机具更新的原则，确定、公布国家支持推广的先进适用的农业机械产品目录，并定期调整。省级人民政府主管农业机械化工作的部门会同同级财政部门、经济综合宏观调控部门根据上述原则，确定、公布省级人民政府支持推广的先进适用的农业机械产品目录，并定期调整。

四、主要违法行为的法律责任

法律责任是指违反法律的规定而必须承担的法律后果。法律责任按照违法行为的性质不同可以分为刑事责任、行政责任和民事责任三大类。

（一）违反对农机产品质量的强制性规定

农业机械化促进法第三十条规定，违反本法第十五条规定的，依照产品质量法的有关规定予以处罚；构成犯罪的，依法追究刑事责任。

1. 具体包括以下违法行为有三种情形

（1）违反农机产品强制认证规定的。对列入依法必须经过认证产品目录的农业机械产品，未经认证并标注认证标志的，即出厂、销售和进口的。

（2）生产、销售不符合国家技术规范强制性要求的农业机械产品的。农业机械产品的生产和销售应当符合该强制性技术规范。生产者和销售者不得以合同约定或者其他方式免除或减轻自己的此项法定义务。

（3）利用残次零配件和报废机具的部件拼装农业机械产品的。

2. 本条规定的法律责任有两种形式：行政法律责任和刑事法律责任

（1）行政责任。承担行政责任的方式：责令停止生产、销售；没收违法生产、销售的产品；罚款；吊销营业执照。

（2）刑事责任。生产不符合保障人身、财产安全的国家标准、行业标准的电器、压力容器、易燃易爆产品或者其他不符合保障人身、财产安全的国家标准、行业标准的产品，或者销售明知是以上不符合保障人身、财产安全的国家标准、行业标准的产品，造成严重后果的，构成生产、销售不符合安全标准的产品罪，处五年以下有期徒刑，并处罚金；后果特别严重的，处五年以上有期徒刑，并处罚金。

（二）农业机械驾驶、操作人员违规操作的

农业机械驾驶、操作人员违反国家规定的安全操作规程，违章作业的，责令改正，依照有关法律、行政法规的规定予以处罚；构成犯罪的，依法追究刑事责任。

（1）行政法律责任。一是责令改正，即由有关部门对农业机械驾驶、操作人员违反国家规定的安全操作规程使用农业机械的行为，以行政命令的方式，责令其改正违法行为。二是依照有关法律、行政法规的规定进行处罚，对于情节轻微的违章行为，通过对农业机械驾驶、操作人员批评教育，责令其改正，但是对农业机械违章操作，影响公共安全的行为，除责令其改正违法行为外，还应当依照有关法律、行政法规的规定予以处罚。

（2）刑事法律责任。农业机械驾驶、操作人员违反国家规定的安全操作规程操作农业机械的行为，构成犯罪的，依照刑法追究刑事责任；违反交通运输管理法规，因而发生重大事故，致人重伤、死亡或者使公私财产遭受重大损失的，处三年以下有期徒刑或者拘役；交通运输肇事后逃逸或者有其他特别恶劣情节的，处三年以上七年以下有期徒刑；因逃逸致人死亡的，处七年以上有期徒刑。

（三）农业机械试验鉴定机构违法鉴定

农业机械试验鉴定机构在鉴定工作中不按照规定为农业机械生产者、销售者进行鉴定，或者伪造鉴定结果、出具虚假证明，给农业机械使用者造成损失的，依法承担赔偿责任。农业机械试验鉴定机构在鉴定工作中不按照规定为农业机械生产者、销售者进行鉴定，或者伪造鉴定结果、出具虚假证明，给农业机械使用者造成损失的，应当承担民事责任。承担民事法律责任的方式包括：停止侵害；排除妨害；消除危险；返还财产；恢复原状；修理、重作、更换；赔偿损失；支付违约金；消除影响、恢复名誉；赔礼道歉等。

（四）截留、挪用补贴资金

截留、挪用有关补贴资金的，由上级主管机关责令限期归还被截留、挪用的资金，没收非法所得，并由上级主管机关、监察机关或者所在单位对直接负责的主管人员和其他直接责任人员给予行政处分；构成犯罪的，依法追究刑事责任。

本条规定的法律责任有行政法律责任和刑事法律责任两种形式：

行政法律责任：（1）限期归还被截留、挪用的资金；（2）没收非法所得；（3）给予行政处分。

刑事法律责任：截留、挪用有关补贴资金的行为，情节严重的则承担相应的刑事法律责任，包括贪污罪、挪用公款罪。

以案释法 15

国家工作人员利用农机补贴政策共同受贿

李某是某市农牧局原副局长（正科级），白某是农牧局农机推广站站长，徐某是农牧局农机管理科科长，他们在任职期间，共同预谋利用负责节水精播项目工作之便，擅自决定将省里推广的节水精播机调换成普通型号的播种机为生产厂商多谋求利益，待生产厂商得到利益后再向其收取好处费。2008年、2009年共收取生产商好处费两万五千元，除将其中的一千元用作科室经费外，其余两万四千元被他们三人平分。2008年，他们还共同预谋利用负责农机补贴工作之便，为经销、生产享受补贴农机的农机经销商和生产商等多挣取利润，待经销商、生产商获利后，向经销商和生产商收取好处费共计十九万八千元。收取赃款后，他们依据其在农机补贴工作中的分工和所起作用将十九万八千元赃款分掉。检察院依法查处这几名国家工作人员利用农机补贴政策帮助他人销售农机具后共同受贿案。

释解

自2004年国家开始实施农业补贴政策以来，由国家支付涉农补贴款、涉农补贴项目广泛，目的是让农民真正得到实惠，而这样一项支农惠农政策却在执行过程中走了样。“节水精播”项目是我国一项支农惠农补贴项目，补贴款由省财政支付。节水精播机的补贴额度要比普通播种机的补贴额高出很多，但这种机型适用于缺水的山区作业，对于平原地带不太适用，但这高额的补贴使生产厂家看在了眼里，各找门路大力推广业务，与各地农机部门负责人员联系，业务员们的推广承诺使农机部门的负责人员心知肚明，利益随之而生，同时也为腐败现象的滋生提供了温床。执行者损害了政策法规执行的严肃性，违背了国家政策的原意，损害了行政主管部门的公信力。此案涉案金额不大，但社会危害性较大。国家支农惠农政策在执行过程中被大打折扣，损害了国家形象的同时也极大地侵害了农民利益。最终法院判决三人有期徒刑、没收违法所得，并处罚金。

第六节　农产品质量安全

近年来，农产品质量安全事件频发，引起了全社会越来越广泛的关注。农产品从生产、加工、销售要建立农产品质量安全标准体系，并引入农产品质量安全追溯制度，将有效解决农产品安全问题，对农产品实现从农田到餐桌的全程管理。为保障农产品质量安全，维护公众健康，促进农业和农村经济发展，2006年4月29日，十届全国人大常委会二十一次会议通过农产品质量安全法。为加强绿色食品标志使用管理，确保绿色食品信誉，2012年6月13日，农业部通过《绿色食品标志管理办法》，自2012年10月1日起施行。

一、概述

农产品，是指来源于农业的初级产品，即在农业活动中获得的植物、动物、微生物及其产品。

（一）农产品质量

农产品质量既包括涉及人的健康、安全的质量要求，也包括涉及产品的营养成分、口感、色香味等非安全性质量指标。农产品质量安全法明确规定农产品安全是指农产品质量符合保障人的健康、安全的要求。国家建立健全农产品质量安全标准体系。农产品质量安全标准是强制性的技术规范。

（二）监管机构和职权

1. 监管机构

县级以上人民政府农业行政主管部门负责农产品质量安全的监督管理工作；县级以上人民政府有关部门按照职责分工，负责农产品质量安全的有关工作。

农业执法大队、畜牧和水产执法机构要对生产资料市场进行管理规范；农产品质量安全领导小组协调工商、技术监督、卫生等有关部门进行工作。

2. 监管职权

县级以上人民政府农业行政主管部门在农产品质量安全监督检查中，可以对生产、销售的农产品进行现场检查，调查了解农产品质量安全的有关情况，查阅、复制与农产品质量安全有关的记录和其他资料；对经检测不符合农产品质量安全标准的农产品，有权查封、扣押。发生重大农产品质量安全事故时，农业行政主管部门应当及时通报同级食品药品监督管理部门。

（三）农产品质量安全风险评估

农业部应当设立由有关方面专家组成的农产品质量安全风险评估专家委员会，对可能影响农产品质量安全的潜在危害进行风险分析和评估。农业部应当根据农产品质量安全风险评估结果采取相应的管理措施，并将农产品质量安全风险评估结果及时通报国务院有关部门。

（四）农产品质量安全标准

国家要建立健全农产品质量安全标准体系，农产品质量安全标准的性质是国家强制性的技术规范。下列情形之一的农产品，不得销售：含有国家禁止使用的农药、兽药或者其他化学物质的；农药、兽药等化学物质残留或者含有的重金属等有毒有害物质不符合农产品质量安全标准的；含有的致病性寄生虫、微生物或者生物毒素不符合农产品质量安全标准的；使用的保鲜剂、防腐剂、添加剂等材料不符合国家有关强制性的技术规范的；其他不符合农产品质量安全标准的。

农产品销售企业对其销售的农产品，应当建立健全进货检查验收制度；经查验不符合农产品质量安全标准的，不得销售。

二、农产品质量监控

（一）农产品产地

农业禁止生产区域。县级以上地方人民政府农业行政主管部门按照保障农产品质量安全的要求，根据农产品品种特性和生产区域大气、土壤、水体中有毒有害物质状况等因素，认为不适宜特定农产品生产的，提出禁止生产的区域，报本级人民政府批准后公布。

农产品标准化生产基地建设。县级以上人民政府农业行政主管部门应当采取措施，推进保障农产品质量安全的标准化生产综合示范区、示范农场、养殖小区和无规定动植物疫病区的建设。

农产品生态安全强制性规定：（1）禁止在有毒有害物质超过规定标准的区域生产、捕捞、采集食用农产品和建立农产品生产基地；（2）禁止违反法律、法规的规定向农产品产地排放或者倾倒废水、废气、固体废物或者其他有毒有害物质；（3）农业生产用水和用作肥料的固体废物，应当符合国家规定的标准；（4）农产品生产者应当合理使用化肥、农药、兽药、农用薄膜等化工产品，防止对农产品产地造成污染。

（二）农产品生产

1. 许可证制度

凡对环境有影响的开发、建设、排污活动以及各种设施的建立和经营，均须由经营者向主管机关申请，经批准领取许可证后方能进行，这是国家为加强环境管理而采用的一种行政管理制度。

农产品质量安全法规定对可能影响农产品质量安全的农药、兽药、饲料和饲料添加剂、肥料、兽医器械，依照有关法律、行政法规的规定实行许可制度。

2. 农业投入品的安全使用制度

农业投入品是指在农产品生产过程中使用或添加的物质。包括种子、种苗、肥料、农药、兽药、饲料及饲料添加剂等农用生产资料产品和农膜、农机、农业工程设施设备等农用工程物资产品。

农业部和省、自治区、直辖市人民政府农业行政主管部门应当定期对可能危及农产品质量安全的农药、兽药、饲料和饲料添加剂、肥料等农业投入品进行监督抽查，并公布抽查结果。

县级以上人民政府农业行政主管部门应当加强对农业投入品使用的管理和指导，建立健全农业投入品的安全使用制度。禁止在农产品生产过程中使用国家明令禁止使用的农业投入品。

3. 农产品生产记录

农产品生产企业和农民专业合作经济组织应当建立农产品生产记录，如实记载下列事项：（1）使用农业投入品的名称、来源、用法、用量和使用、停用的日期；

（2）动物疫病、植物病虫草害的发生和防治情况；（3）收获、屠宰或者捕捞的日期。农产品生产记录应当保存二年。禁止伪造农产品生产记录。国家鼓励其他农产品生产者建立农产品生产记录。

4. 质量安全控制体系

农产品生产企业和农民专业合作经济组织，应当自行或者委托检测机构对农产品质量安全状况进行检测；经检测不符合农产品质量安全标准的农产品，不得销售。农民专业合作经济组织和农产品行业协会对其成员应当及时提供生产技术服务，建立农产品质量安全管理制度，健全农产品质量安全控制体系，加强自律管理。

三、农产品包装和标识

农产品包装应按规定内容进行标识。农产品生产企业、农民专业合作经济组织以及从事农产品收购的单位或者个人销售的农产品，按照规定应当包装或者附加标识的，须经包装或者附加标识后方可销售。包装物或者标识上应当按照规定标明产品的品名、产地、生产者、生产日期、保质期、产品质量等级等内容；使用添加剂的，还应当按照规定标明添加剂的名称。

保鲜剂、防腐剂、添加剂符合国家强制性规范。农产品在包装、保鲜、贮存、运输中所使用的保鲜剂、防腐剂、添加剂等材料，应当符合国家有关强制性的技术规范。

农业转基因农产品应当标明。属于农业转基因生物的农产品，应当按照农业转基因生物安全管理的有关规定进行标识。

检疫农产品应当出示检疫证明。依法需要实施检疫的动植物及其产品，应当附具检疫合格标志、检疫合格证明。

无公害农产品、绿色食品、有机农产品标志的使用规定。销售的农产品必须符合农产品质量安全标准，生产者可以申请使用无公害农产品标志。农产品质量符合国家规定的有关优质农产品标准的，生产者可以申请使用相应的农产品质量标志。

禁止冒用前款规定的农产品质量标志。

四、绿色食品标志管理

绿色食品，是指产自优良生态环境、按照绿色食品标准生产、实行全程质量控制并获得绿色食品标志使用权的安全、优质食用农产品及相关产品。绿色食品标志依法注册为证明商标，受法律保护。

（一）标志使用申请与核准

申请使用绿色食品标志的产品，应当符合食品安全法和农产品质量安全法等法律法规规定，在国家工商总局商标局核定的范围内，并具备下列条件：产品或产品原料产地环境符合绿色食品产地环境质量标准；农药、肥料、饲料、兽药等投入品使用符合绿色食品投入品使用准则；产品质量符合绿色食品产品质量标准；包装贮运符合绿色食品包装贮运标准。

（二）绿色食品标志使用证书

绿色食品标志使用证书是申请人合法使用绿色食品标志的凭证，应当载明准许使用的产品名称、商标名称、获证单位及其信息编码、核准产量、产品编号、标志使用有效期、颁证机构等内容。绿色食品标志使用证书有效期三年。

（三）绿色食品标志使用管理

未经中国绿色食品发展中心许可，任何单位和个人不得使用绿色食品标志。禁止将绿色食品标志用于非许可产品及其经营性活动。任何单位和个人不得伪造、转让绿色食品标志和标志使用证书。

标志使用人应当健全和实施产品质量控制体系，对其生产的绿色食品质量和信誉负责。县级以上地方人民政府农业行政主管部门应当加强绿色食品标志的监督管理工作，依法对辖区内绿色食品产地环境、产品质量、包装标识、标志使用等情况进行监督检查。中国绿色食品发展中心和省级工作机构应当建立绿色食品风险防范及应急处置制度，组织对绿色食品及标志使用情况进行跟踪检查。

省级工作机构应当组织对辖区内绿色食品标志使用人使用绿色食品标志的情况实施年度检查。检查合格的，在标志使用证书上加盖年度检查合格章。

（四）标志使用证书的取消

标志使用人有下列情形之一的，由中国绿色食品发展中心取消其标志使用权，收回标志使用证书，并予公告：生产环境不符合绿色食品环境质量标准的；产品质量不符合绿色食品产品质量标准的；年度检查不合格的；未遵守标志使用合同约定的；违反规定使用标志和证书的；以欺骗、贿赂等不正当手段取得标志使用权的。

标志使用人依照前款规定被取消标志使用权的，三年内中国绿色食品发展中心不再受理其申请；情节严重的，永久不再受理其申请。

五、法律责任

（一）监管失职

农产品质量安全监督管理人员不依法履行监督职责，或者滥用职权的，依法给予行政处分；农产品质量安全检测机构伪造检测结果的，责令改正，没收违法所得，并处罚款，对直接负责的主管人员和其他直接责任人员处罚款；情节严重的，撤销其检测资格；造成损害的，依法承担赔偿责任。

农产品质量安全检测机构出具检测结果不实，造成损害的，依法承担赔偿责任；造成重大损害的，并撤销其检测资格。

（二）破坏农业产地

违反法律、法规规定，向农产品产地排放或者倾倒废水、废气、固体废物或者其他有毒有害物质的，依照有关环境保护法律、法规的规定处罚；造成损害的，依法承担赔偿责任。

（三）违法使用农业投入品

使用农业投入品违反法律、行政法规和国务院农业行政主管部门的规定的，依照有关法律、行政法规的规定处罚。

（四）违反生产记录规定

农产品生产企业、农民专业合作经济组织未建立或者未按照规定保存农产品生产记录的，或者伪造农产品生产记录的，责令限期改正；逾期不改正的，可以处二千元以下罚款。

（五）未按规定包装、标识

销售的农产品未按照规定进行包装、标识的，责令限期改正；逾期不改正的，可以处二千元以下罚款。

（六）违法使用“三剂”

使用的保鲜剂、防腐剂、添加剂等材料不符合国家有关强制性的技术规范的，责令停止销售，对被污染的农产品进行无害化处理，对不能进行无害化处理的予以监督销毁；没收违法所得，并处二千元以上二万元以下罚款。

以案释法 16

擅自使用绿色食品标志案

某县工商局执法人员在县城一农贸市场内查获孙某在其所经销的大米外包装上擅自加贴绿色食品标志的违法案件。经查，孙某为牟取私利，在未经任何部门授权许可的情况下，于2004年11月开始擅自印制绿色食品标志不干胶标签，粘贴在自己所销售的普通大米的外包装袋上，公开对外销售，直至工商执法人员查获时共销售这种大米5000公斤，非法经营额达16000元。

释解

绿色食品标志商标作为特定的产品质量证明商标，已由中国绿色食品发展中心在国家工商总局注册。根据相关法律法规规定，绿色食品标志依法注册为证明商标；未经中国绿色食品的发展中心许可，任何单位和个人不得使用绿色食品标志；违反《绿色食品标志管理办法》规定，依照食品安全法、农产品质量安全法、商标法等法律法规处罚。因此，对擅自使用绿色食品标志的违法行为，应当依据商标法及商标法实施条例的相关规定进行处罚。

当事人孙某的行为违反了商标法相关规定，应当依据商标法及商标法实施条例规定，以侵犯注册商标专用权，给予孙某处罚。

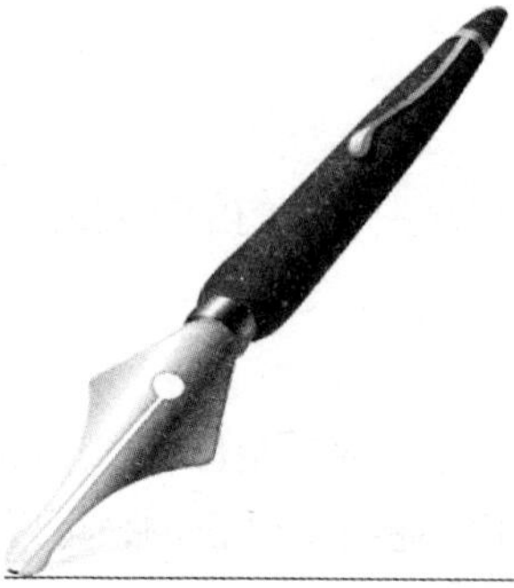

第六章

种植业管理

导 读

种植业是农业的重要基础，粮棉油糖是关系国计民生的重要商品，保障粮食有效供给是种植业发展的首要任务。国家关于调整种植业的立法农业部宏观管理包括种子、农药、农产品等相关的行政事物，严格登记审批、完善品种淘汰和退出机制、强化生产经营主体监管、加大监督抽查和执法力度，加快种子、肥料、农药等生产资料有关法律法规制度建设，推进依法治农、依法建农的战略实施。

第一节　种子管理

2000年7月8日，九届全国人大常委会十六次会议通过种子法，并分别于2004年、2013年进行两次修正。2015年11月4日全国人大常委会对种子法再次修订，自2016年1月1日起施行。种子法对保护和合理利用种质资源、品种选育和审定，种子生产、经营和使用，种子质量、种子产业扶持政策，种子进出口和对外合作，行政管理等都作出了一系列规定。

一、概述

种子，是指农作物和林木的种植材料或者繁殖材料，包括籽粒、果实、根、茎、苗、芽、叶、花等。凡是在中华人民共和国境内从事品种选育、种子生产经营和管理等活动，都是种子法调整对象。

国务院农业、林业行政主管部门分别主管全国农作物种子和林木种子工作；县级以上地方人民政府农业、林业行政主管部门分别主管本行政区域内农作物种子和林木种子工作。

二、种子主要管理制度

国家为管理种子生产、经营，加强种质资源的保护，加大种子质量的监管和纠纷处理，在种子法里规定了一系列管理制度，目的在于保证农业生产用种子的质量和发展种子的生产、贸易，使育种工作者及种子生产者、经营者和使用者的权益在法律上得到保护。

（一）种质资源保护制度

种质资源是生物界长期自然演化形成的基因资源，是现代育种的物质基础，一旦破坏将给农业、林业生产造成无法挽回的损失。近年来，一些地方在城镇扩张过程中，随意占用种质资源库、保护区或保护地的现象较为突出。为保护好国家的重要战略资源，新修订的种子法明确了对种质资源的保护。

1. 不得侵占和破坏种质资源

国家依法保护种质资源，任何单位和个人不得侵占和破坏种质资源。禁止采集或者采伐国家重点保护的天然种质资源。因科研等特殊情况需要采集或者采伐的，应当经国务院或者省、自治区、直辖市人民政府的农业、林业主管部门批准。

2. 建立种质资源档案

国家有计划地普查、收集、整理、鉴定、登记、保存、交流和利用种质资源，定期公布可供利用的种质资源目录。

3. 建立种质资源库、种质资源保护区或保护地

国务院农业、林业主管部门应当建立种质资源库、种质资源保护区或者种质资源保护地。省、自治区、直辖市人民政府农业、林业主管部门可以根据需要建立种质资源库、种质资源保护区、种质资源保护地。种质资源库、种质资源保护区、种质资源保护地的种质资源属公共资源，依法开放利用。占用种质资源库、种质资源保护区或者种质资源保护地的，需经原设立机关同意。

4. 种质资源主权归国家所有

国家对种质资源享有主权，任何单位和个人向境外提供种质资源，或者与境外机构、个人开展合作研究利用种质资源的，应当向省、自治区、直辖市人民政府农业、林业主管部门提出申请，并提交国家共享惠益的方案；受理申请的农业、林业主管部门经审核，报国务院农业、林业主管部门批准。从境外引进种质资源的，依照国务院农业、林业主管部门的有关规定办理。

（二）植物新品种保护制度

国家实行植物新品种保护制度。对国家植物品种保护名录内经过人工选育或者发现的野生植物加以改良，具备新颖性、特异性、一致性、稳定性和适当命名的植物品种，由国务院农业、林业主管部门授予植物新品种权，保护植物新品种权所有人的合法权益。植物新品种权的内容和归属、授予条件、申请和受理、审查与批准，

以及期限、终止和无效等依照本法、有关法律和行政法规规定执行。

（三）主要农作物品种审定制度

1. 国家对主要农作物和主要林木实行品种审定制度

主要农作物品种和主要林木品种在推广前应当通过国家级或者省级审定。由省、自治区、直辖市人民政府林业主管部门确定的主要林木品种实行省级审定。申请审定的品种应当符合特异性、一致性、稳定性要求。

2. 设立专门的农作物品种审定委员会

国务院和省、自治区、直辖市人民政府的农业设立由专业人员组成的农作物品种审定委员会。品种审定委员会承担主要农作物品种的审定工作，建立包括申请文件、品种审定试验数据、种子样品、审定意见和审定结论等内容的审定档案，保证可追溯。在审定通过的品种依法公布的相关信息中应当包括审定意见情况，接受监督。

3. 实行选育生产经营相结合

符合国务院农业主管部门规定条件的种子企业，对其自主研发的主要农作物品种可以按照审定办法自行完成试验，达到审定标准的，品种审定委员会应当颁发审定证书。种子企业对试验数据的真实性负责，保证可追溯，接受省级以上人民政府农业主管部门和社会的监督。

（四）种子生产经营管理制度

为加强农作物种子生产经营许可管理，规范农作物种子生产经营秩序，根据种子法，农业部2016年6次常务会议审议通过《农作物种子生产经营许可管理办法》，自2016年8月15日起施行。

根据《农作物种子生产经营许可管理办法》规定，县级以上人民政府农业主管部门按照职责分工，负责农作物种子生产经营许可证的受理、审核、核发和监管工作。

负责审核、核发农作物种子生产经营许可证的农业主管部门，应当将农作物种子生产经营许可证的办理条件、程序等在办公场所公开。

农业主管部门应当按照保障农业生产安全、提升农作物品种选育和种子生产经营水平、促进公平竞争、强化事中事后监管的原则，依法加强农作物种子生产经营许可管理。

1. 申请条件

申请领取种子生产经营许可证的企业，应当具有与种子生产经营相适应的设施、设备、品种及人员，符合《农作物种子生产经营许可管理办法》规定的条件。

从事种子进出口业务的企业和外商投资企业申请领取种子生产经营许可证，除具备《农作物种子生产经营许可管理办法》规定的相应农作物种子生产经营许可证核发的条件外，还应当符合有关法律、行政法规规定的其他条件。

2. 受理、审核与核发

根据《农作物种子生产经营许可管理办法》规定，种子生产经营许可证实行分级审核、核发：从事主要农作物常规种子生产经营及非主要农作物种子经营的，其种子生产经营许可证由企业所在地县级以上地方农业主管部门核发从事主要农作物杂交种子及其亲本种子生产经营以及实行选育生产经营相结合、有效区域为全国的种子企业，其种子生产经营许可证由企业所在地县级农业主管部门审核，省、自治区、直辖市农业主管部门核发；从事农作物种子进出口业务的，其种子生产经营许可证由企业所在地省、自治区、直辖市农业主管部门审核，农业部核发。

3. 许可证管理

根据《农作物种子生产经营许可管理办法》规定，种子生产经营许可证载明的有效区域是指企业设立分支机构的区域。

种子生产地点不受种子生产经营许可证载明的有效区域限制，由发证机关根据申请人提交的种子生产合同复印件及无检疫性有害生物证明确定。

种子销售活动不受种子生产经营许可证载明的有效区域限制，但种子的终端销售地应当在品种审定、品种登记或标签标注的适宜区域内。

种子生产经营许可证有效期为五年。

在有效期内变更主证载明事项的，应当向原发证机关申请变更并提交相应材料，原发证机关应当依法进行审查，办理变更手续。

在有效期内变更副证载明的生产种子的品种、地点等事项的，应当在播种三十日前向原发证机关申请变更并提交相应材料，申请材料齐全且符合法定形式的，原发证机关应当当场予以变更登记。

种子生产经营许可证期满后继续从事种子生产经营的，企业应当在期满六个月前重新提出申请。

（五）种子质量管理制度

农业主管部门应当加强对种子质量的监督检查。可以采用国家规定的快速检测方法对生产经营的种子品种进行检测，也可以委托种子质量检验机构对种子质量进行检验。禁止生产经营假、劣种子。农业主管部门和有关部门依法打击生产经营假、劣种子的违法行为，保护农民合法权益，维护公平竞争的市场秩序。

假种子：（1）以非种子冒充种子或者以此种品种种子冒充其他品种种子的；（2）种子种类、品种与标签标注的内容不符或者没有标签的。

劣种子：（1）质量低于国家规定标准的；（2）质量低于标签标注指标的；（3）带有国家规定的检疫性有害生物的。

三、主要违法行为的法律责任

（一）常见的种子违法行为

第一，生产经营假劣种子。

第二，侵犯品种权的，包括：侵犯植物新品种；假冒授权品种的。

第三，违反生产经营许可证规定，包括：（1）无证经营的；（2）以不正当手段取得许可证的；（3）未按许可证规定生产经营种子的；（4）伪造、变造、买卖、租借许可证的。

第四，违反种子进出口相关规定，包括：（1）未经许可进出口种子的；（2）为境外制种的种子在境内销售的；（3）从境外引进农作物或者林木种子进行引种试验的收获物作为种子在境内销售；（4）进出口假、劣种子或者属于国家规定不得进出口的种子的。

第五，违法种质资源管理的，包括：

（1）违法种质资源进出口管理的，包括违规向境外提供种质资源；违规从境外引进种质资源；违规与境外机构、个人开展合作研究利用种质资源；未取得农业、林业主管部门的批准文件携带、运输种质资源出境的。

（2）侵占、破坏种质资源的，包括侵占、破坏种质资源；私自采集或者采伐国家重点保护的天然种质资源的。

第六，违反审定、登记规定的，包括：（1）对应当审定未经审定的农作物品种进行推广、销售的；（2）作为良种推广、销售应当审定未经审定的林木品种的；（3）推广、销售应当停止推广、销售的农作物品种或者林木良种的；（4）对应当登记未经登记的农作物品种进行推广，或者以登记品种的名义进行销售的；（5）对已撤销登记的农作物品种进行推广，或者以登记品种的名义进行销售的。

第七，违反包装、标签、档案以及备案规定的，包括：（1）销售的种子应当包装而没有包装的；（2）销售的种子没有使用说明或者标签内容不符合规定的；（3）涂改标签的；（4）未按规定建立、保存种子生产经营档案的；（5）种子生产经营者在异地设立分支机构、专门经营不再分装的包装种子或者受委托生产、代销种子，未按规定备案的。

第八，主管部门违法履行职能的，包括：（1）主管部门不作为、乱作为的，包括不依法作出行政许可决定；发现违法行为或者接到对违法行为举报不予查处的；其他未依照本法规定履行职责行为的；不履行职责，或者弄虚作假，徇私舞弊的。（2）测试、试验和检验机构违规的，诸如伪造测试、试验、检验的数据或者出具虚假证明的。

（二）法律责任

法律责任是指因违反了法定义务或契约义务，或不当行使法律权利、权力所产生的，由行为人承担的不利后果。法律责任方式也可以分为补偿性方式和制裁性方式。法律责任根据违法的程度轻重，承当的责任方式分为民事责任、行政责任、刑事责任。

1. 民事责任。民事责任是指由于违反民事法律、违约或者由于民法规定所应承担的一种法律责任。责任承当方式包括：停止侵害、排除妨碍、消除危险、返还财产、恢复原状、修理、重作、更换、赔偿损失、支付违约金、消除影响、恢复名誉、赔礼道歉等。

2. 行政责任。行政责任是指因违反行政法规定或因行政法规定而应承担的法律责任。责任方式包括：行政处分（内部制裁措施）和行政处罚两种。其中行政处分包括警告、记过、记大过、降级、撤职、开除。行政处罚包括警告、罚款、没收违法所得、没收非法财物、责令停产停业、暂扣或吊销许可证、暂扣或者吊销执照、行政拘留；法律、行政法规规定的其他行政处罚。

3. 刑事责任。刑事责任是指行为人因其犯罪行为所必须承受的，由司法机关代表国家所确定的否定性法律后果。包括主刑和附加刑。其中，主刑包括管制、拘役、有期徒刑、无期徒刑、死刑。附加刑包括罚金、剥夺政治权利、没收财产、驱逐出境。附加刑：罚金、剥夺政治权利、没收财产、驱逐出境。

以案释法 17

未经农业部审批擅自出口种质资源

某种子有限公司未经农业部审批，分别于2008年11月、2009年1月和2009年4月，先后3次擅自向泰国和土耳其出口种质资源。

2010年12月30日，农业部下发了《行政处罚事先告知书》，告知当事人具有在法定时限内提出陈述申辩、申请听证的权利。当事人于2011年1月5日向农业部提交了《关于降低农罚（农）〔2010〕13号处罚金额的申请》，称出口的种子是当事人为泰国、土耳其外繁制种，非种质资源，申请降低处罚金额。

释解

农业部认为，当事人在收到行政处罚事先告知书后，虽在规定时间内提出异议，但未提供证据证明其出口的种子是为泰国、土耳其企业代繁代制的种子，不予认定，当事人申辩不处罚以及降低处罚额度的理由不成立。当事人的行为违反了种子法第十条和《农作物种质资源管理办法》第二十七条的规定。

根据种子法相关规定，农业部对种子有限公司作出了罚款五万元的行政处罚决定。

当事人对本处罚决定不服的，可以在收到本处罚决定书之日起六十日内向农业部申请行政复议；或者三个月内向北京市第二中级人民法院提起行政诉讼。行政复议和行政诉讼期间，本处罚决定不停止执行。

第二节　农药管理

为了加强对农药生产、经营和使用的监督管理，保证农药质量，保护农业、林业生产和生态环境，维护人畜安全，1997年5月国务院发布《农药管理条例》，并于2001年11月作了修订。

一、概述

（一）农药

《农药管理条例》所称的农药是指用于预防、消灭或者控制危害农业、林业的病、虫、草和其他有害生物以及有目的地调节植物、昆虫生长的化学合成或者来源于生物、其他天然物质的一种物质或者几种物质的混合物及其制剂。

1. 农药分类

农药包括用于不同目的、场所的下列各类：（1）预防、消灭或者控制危害农业、林业的病、虫（包括昆虫、蜱、螨）、草和鼠、软体动物等有害生物的；（2）预防、消灭或者控制仓储病、虫、鼠和其他有害生物的；（3）调节植物、昆虫生长的；（4）用于农业、林业产品防腐或者保鲜的；（5）预防、消灭或者控制蚊、蝇、蜚蠊、鼠和其他有害生物的；（6）预防、消灭或者控制危害河流堤坝、铁路、机场、建筑物和其他场所的有害生物的。

2. 假农药

下列农药为假农药：（1）以非农药冒充农药或者以此种农药冒充他种农药的；（2）所含有效成分的种类、名称与产品标签或者说明书上注明的农药有效成分的种类、名称不符的。

3. 劣质农药

下列农药为劣质农药：（1）不符合农药产品质量标准的；（2）失去使用效能的；（3）混有导致药害等有害成份的。

（二）农药监督管理机构

根据《农药管理条例》规定，国务院农业行政主管部门负责全国的农药登记和农药监督管理工作。省、自治区、直辖市人民政府农业行政主管部门协助国务院农业行政主管部门做好本行政区域内的农药登记，并负责本行政区域内的农药监督管理工作。县级人民政府和设区的市、自治州人民政府的农业行政主管部门负责本行政区域内的农药监督管理工作。县级以上各级人民政府其他有关部门在各自的职责范围内负责有关的农药监督管理工作。

二、农药管理制度

（一）农药登记制度

国家实行农药登记制度，生产（包括原药生产、制剂加工和分装）农药和进口农药，必须进行登记。农药正式登记的申请资料分别经国务院农业、工业产品许可管理、卫生、环境保护部门和全国供销合作总社审查并签署意见后，由农药登记评审委员会对农药的产品化学、毒理学、药效、残留、环境影响等作出评价。根据农药登记评审委员会的评价，符合条件的，由国务院农业行政主管部门发给农药登记证。

（二）农药生产

国家实行农药生产许可制度。生产有国家标准或者行业标准的农药的，应当向国务院工业产品许可管理部门申请农药生产许可证。生产尚未制定国家标准、行业标准但已有企业标准的农药的，应当经省、自治区、直辖市工业产品许可管理部门审核同意后，报国务院工业产品许可管理部门批准，发给农药生产批准文件。任何单位和个人不得生产未取得农药生产许可证或者农药生产批准文件的农药。

（三）农药经营

1. 农药经营许可证制度

经营的农药属于化学危险物品的，应当按照国家有关规定办理经营许可证。农药经营单位应当具备下列条件和有关法律、行政法规规定的条件，并依法向工商行政管理机关申请领取营业执照后，方可经营农药。下列单位可以经营农药：

（1）供销合作社的农业生产资料经营单位；（2）植物保护站；（3）土壤肥料站；（4）农业、林业技术推广机构；（5）森林病虫害防治机构；（6）农药生产企业；（7）国务院规定的其他经营单位。

2. 农药经营质量检验制度

农药经营单位购进农药，应当将农药产品与产品标签或者说明书、产品质量合格证核对无误，并进行质量检验。

禁止收购、销售无农药登记证或者农药临时登记证、无农药生产许可证或者农药生产批准文件、无产品质量标准和产品质量合格证和检验不合格的农药。

3. 农药经营仓储保管制度

农药经营单位应当按照国家有关规定做好农药储备工作。贮存农药应当建立和执行仓储保管制度，确保农药产品的质量和安全。

（四）农药使用

使用农药应当遵守农药防毒规程，正确配药、施药，做好废弃物处理和安全防护工作，防止农药污染环境和农药中毒事故。

使用农药应当遵守国家有关农药安全、合理使用的规定，按照规定的用药量、用药次数、用药方法和安全间隔期施药，防止污染农副产品。剧毒、高毒农药不得用于防治卫生害虫，不得用于蔬菜、瓜果、茶叶和中草药材。使用农药应当注意保护环境、有益生物和珍稀物种。严禁用农药毒鱼、虾、鸟、兽等。

（五）农药管理的禁止性规定

任何单位和个人不得生产未取得农药生产许可证或者农药生产批准文件的农药。任何单位和个人不得生产、经营、进口或者使用未取得农药登记证或者农药临时登记证的农药。

禁止生产、经营和使用假农药。

禁止经营产品包装上未附标签或者标签残缺不清的农药。

未经登记的农药，禁止刊登、播放、设置、张贴广告。

任何单位和个人不得生产、经营和使用国家明令禁止生产或者撤销登记的农药。

禁止销售农药残留量超过标准的农副产品。

以案释法 18

某公司诉县农业局行政处罚纠纷案

2011年4月29日，县农业局执法工作人员对该县农资大市场进行例行检查时，发现该市场经营业主即本案第三人邓文平经营的锐斧·毒死蜱480克／升乳油农药标签标注的内容不符合法律规定，遂于当日立案调查。经查，该批农药登记证号为“PD20083516”，生产日期及批号为“2011031513”，规格为“250毫升／瓶、40瓶／件”。该批农药的标签在标注制剂用药量用于水稻等大田作物时为“70—90毫升／亩”，未用每公顷使用该产品的制剂量表示；用于柑桔等树木时为“1000—1500倍”，未用总有效成分量的浓度值表示。

2011年6月23日，县农业局作出行政处罚决定书，认定该公司此批农药的标签标注制剂用量用于水稻等大田作物时为“70—90毫升／亩”，未用每公顷使用该产品的制剂量表示；用于柑桔等树木时为“1000—1500倍”，未用总有效成分量的浓度值表示，违反了《农药管理条例》第十六条、第三十三条、《农药标签和说明书管理办法》第十五条第二款的规定，属于标签残缺不清的农药产品，并据此依据《农药管理条例》第四十条第（三）项规定，对生产这批产品的公司作出警告；没收违法所得，并处罚款的行政处罚。该生产公司对该行政处罚决定不服，遂向法院提起行政诉讼。请求人民法院依法撤销该行政处罚决定。

释解

《农药管理条例》第十六条、第三十三条《农药标签和说明书管理办法》第七条均对农药产品标签和说明书应当标注什么内容进行了规定。《农药标签和说明书管理办法》第八条至第二十四条又对怎样标注这些内容作了具体规定；前者是一般规定，后者是特别规定，而且是强制性规定，不是选择性规定，前后是一个统一体，不可分割。农药产品生产企业应当依照这些规定，完整、翔实、准确、真实地在产品标签或者说明书中规范地标注这些内容，而不能将这些规定割裂开来。《农药标签和说明书管理办法》第十五条第二款规定，用于大田作物时，使用剂量采用每公顷使用该产品的制剂量表示，并以括号注明亩用制剂量或稀释倍数。用于树木等作物时，使用剂量采用总有效成分量的浓度值表示，并以括号注明制剂稀释倍数。而化学公司生产的该批农药产品标签标注为水稻70—90毫升／亩，没有标注每公顷使用剂量；柑桔树1000—1500倍，没有标注总有效成分量的浓度值。其生产的农药产品标签违反了行政规章的强制性规定。

该公司不按照规定的内容和方式在农药标签和说明书中进行标注，违反了相关法律规范，属于标签残缺不清，应当按照《农药管理条例》的有关规定予以处罚。县农业局对其行为予以行政处罚认定事实清楚，行政程序合法，适用法律正确，该行政处罚决定依法应予维持。

第三节　农业转基因生物安全

为了加强农业转基因生物安全管理，保障人体健康和动植物、微生物安全，保护生态环境，促进农业转基因生物技术研究，2001年5月23日国务院304号令公布《农业转基因生物安全管理条例》，并于2011年1月8日进行了修订。

一、农业转基因生物安全管理概述

农业转基因生物，是指利用基因工程技术改变基因组构成，用于农业生产或者农产品加工的动植物、微生物及其产品，主要包括：转基因动植物（含种子、种畜禽、水产苗种）和微生物；转基因动植物、微生物产品；基因农产品的直接加工品；含有转基因动植物、微生物或者其产品成分的种子、种畜禽、水产苗种、农药、兽药、肥料和添加剂等产品。

农业转基因生物安全，是指防范农业转基因生物对人类、动植物、微生物和生态环境构成的危险或者潜在风险。

国务院农业行政主管部门负责全国农业转基因生物安全的监督管理工作；县级

以上地方各级人民政府农业行政主管部门负责本行政区域内的农业转基因生物安全的监督管理工作；县级以上各级人民政府有关部门依照食品安全法的有关规定，负责转基因食品安全的监督管理工作。

二、农业转基因生物安全管理制度

部际联席会议制度。国务院建立农业转基因生物安全管理部际联席会议制度。农业转基因生物安全管理部际联席会议由农业、科技、环境保护、卫生、外经贸、检验检疫等有关部门的负责人组成，负责研究、协调农业转基因生物安全管理工作中的重大问题。

分级管理评价制度。国家对农业转基因生物安全实行分级管理评价制度。农业转基因生物按照其对人类、动植物、微生物和生态环境的危险程度，分为Ⅰ、Ⅱ、Ⅲ、Ⅳ四个等级。具体划分标准由国务院农业行政主管部门制定。

安全评价制度。国家建立农业转基因生物安全评价制度。农业转基因生物安全评价的标准和技术规范，由国务院农业行政主管部门制定。

标识制度。国家对农业转基因生物实行标识制度。实施标识管理的农业转基因生物目录，由国务院农业行政主管部门商国务院有关部门制定、调整并公布。

从事农业转基因生物试验的单位在生产性试验结束后，可以向国务院农业行政主管部门申请领取农业转基因生物安全证书。

三、农业转基因生物生产许可证

生产转基因植物种子、种畜禽、水产苗种，应当取得国务院农业行政主管部门颁发的种子、种畜禽、水产苗种生产许可证。生产单位和个人申请转基因植物种子、种畜禽、水产苗种生产许可证。农民养殖、种植转基因动植物的，由种子、种畜禽、水产苗种销售单位代办审批手续。

取得农业转基因生物生产许可证，除应当符合有关法律、行政法规规定的条件外，还应当符合下列条件：(1) 取得农业转基因生物安全证书并通过品种审定；(2) 在指定的区域种植或者养殖；(3) 有相应的安全管理、防范措施；(4) 国务院农业行政主管部门规定的其他条件。

四、农业转基因生物经营许可证

经营转基因植物种子、种畜禽、水产苗种的单位和个人，应当取得国务院农业行政主管部门颁发的种子、种畜禽、水产苗种经营许可证。经营单位和个人申请转基因植物种子、种畜禽、水产苗种经营许可证，除应当符合有关法律、行政法规规定的条件外，还应当符合下列条件：(1) 有专门的管理人员和经营档案；(2) 有相应的安全管理、防范措施；(3) 国务院农业行政主管部门规定的其他条件。

五、农业转基因生物进口与出口

（一）农业转基因生物进口

从境外引进农业转基因生物，须经国务院农业行政主管部门批准。境外公司向我国出口转基因植物种子、种畜禽、水产苗种和利用农业转基因生物生产的或者含有农业转基因生物成分的植物种子、种畜禽、水产苗种、农药、兽药、肥料和添加剂的，应当向国务院农业行政主管部门提出申请；经国务院农业行政主管部门批准并依照的规定进行中间试验、环境释放和生产性试验，生产性试验结束后，经安全评价合格，并取得农业转基因生物安全证书后，方可依照有关法律、行政法规的规定办理审定、登记或者评价、审批手续。

（二）口岸检验检疫

农业转基因生物在中华人民共和国过境转移的，货主应当事先向国家出入境检验检疫部门提出申请；经批准方可过境转移，并遵守我国有关法律、行政法规的规定。向境外出口农产品，外方要求提供非转基因农产品证明的，由口岸出入境检验检疫机构根据国务院农业行政主管部门发布的转基因农产品信息，进行检测并出具非转基因农产品证明。进口农业转基因生物，没有国务院农业行政主管部门颁发的农业转基因生物安全证书和相关批准文件的，或者与证书、批准文件不符的，作退货或者销毁处理。进口农业转基因生物不按照规定标识的，重新标识后方可入境。

以案释法 19

某品牌食用油转基因标识违规

2014年8月15日，周某前往某超市购买食用油，看见许多生产商的食用油都在商品标签的显要位置标注了醒目的“非转基因”标识，有的还在油瓶的瓶颈处加挂了一个“非转基因”的特别标识。恰恰相反的是，同一家生产商的同样品牌的食用油多为转基因产品，相对与在显著位置以醒目的文字标注“非转基因”标识，转基因食用油却并未标注“转基因”标识，只是在产品配方中标明含有转基因成分。

周某认为，生产商在转基因食用油的产品标签上以不醒目的文字标注“转基因”成分，不仅刻意隐藏产品原料为转基因大豆、菜籽的事实真相，让消费者难以发现其是转基因食品从而选择购买，同时又欺骗了有关部门的检查和公众的舆论；而销售商明知涉诉转基因食用油对转基因标识的标注不符合规定，但仍加以采购和销售。周某遂向法院起诉，要求判决确认该品牌的食用油在商品标签上标注的转基因标识不显著，应重新标注后方可销售。

释解

转基因食品的安全性在整个国际社会存在极大的争论，其是否安全、是否有潜在危险至今尚无定论。此案一出便引起社会各界的关注。为了避免生产商不规范的行为造成误导公众消费，国务院公布的《农业转基因生物安全管理条例》以及农业部出台的《农业转基因生物标签的标识》都对转基因食品标识作了明确规定。

根据《农业转基因生物安全管理条例》第二十八条规定，在中华人民共和国境内销售列入农业转基因生物目录的农业转基因生物，应当有明显的标识。农业部《农业转基因生物安全标识管理办法》第七条规定，农业转基因生物标识应当醒目，并和产品的包装、标签同时设计和印制。同时农业部的《农业转基因生物标签的标识》作了更加细致的规定：

其一，当包装的最大表面积大于或等于$10cm^2$时，文字规格应符合以下要求：

高度不小于1.8mm；不小于产品标签中其他最小强制性标示的文字。

其二，当包装的最大表面积小于$10cm^2$时，文字规格不小于产品标签中其他最小强制性标示的文字。

本案中，该品牌转基因食用油的标识显然并不符合相关规定。法院判决确认该品牌的食用油在商品标签上标注的转基因标识不显著，应重新标注后方可销售。

第四节 肥料

为了加强肥料管理，保护生态环境，保障人畜安全，促进农业生产，根据农业法，2000年6月12日，农业部通过肥料登记管理办法。我国关于肥料管理的更高层级的立法，一直存在空白区，随着我国农业生产的发展，人们对农产品质量安全要求的不断提高。2015年新修订的食品安全法颁布实施后，社会各界对加强肥料管理立法的呼声越来越强。

一、概述

肥料是指用于提供、保持或改善植物营养和土壤物理、化学性能以及生物活性，能提高农产品产量，或改善农产品品质，或增强植物抗逆性的有机、无机、微生物及其混合物料。国家实行肥料产品登记管理制度，未经登记的肥料产品不得进口、生产、销售和使用，不得进行广告宣传。

农业部负责办理肥料登记受理手续，并审查登记申请资料是否齐全。省、自治区、直辖市人民政府农业行政主管部门协助农业部做好本行政区域内的肥料登记工作。县级以上地方人民政府农业行政主管部门负责本行政区域内的肥料监督管理工作。

下列产品属于肥料登记管理办法的调整范围 :（1）在生产、积造有机肥料过程中，添加的用于分解、熟化有机物的生物和化学制剂 ;（2）来源于天然物质，经物理或生物发酵过程加工提炼的，具有特定效应的有机或有机无机混合制品，这种效应不仅包括土壤、环境及植物营养元素的供应，还包括对植物生长的促进作用。

下列产品不适用该办法 :（1）肥料和农药的混合物 ;（2）农民自制自用的有机肥料。

二、肥料登记管理

（一）登记申请

凡经工商注册，具有独立法人资格的肥料生产者均可提出肥料登记申请。有下列情形的肥料产品，登记申请不予受理 :（1）没有生产国使用证明（登记注册）的国外产品 ;（2）不符合国家产业政策的产品 ;（3）知识产权有争议的产品 ;（4）不符合国家有关安全、卫生、环保等国家或行业标准要求的产品。

对经农田长期使用，有国家或行业标准的下列产品免予登记 :

硫酸铵，尿素，硝酸铵，氰氨化钙，磷酸铵（磷酸一铵、二铵），硝酸磷肥，过磷酸钙，氯化钾，硫酸钾，硝酸钾，氯化铵，碳酸氢铵，钙镁磷肥，磷酸二氢钾，单一微量元素肥，高浓度复合肥。

境内生产者申请肥料临时登记，其申请登记资料应经其所在地省级农业行政主管部门初审后，向农业部提出申请。农业部根据肥料登记评审委员会的综合评审意见，在评审结束后20日内作出是否颁发肥料临时登记证或正式登记证的决定。

（二）登记证有效期

肥料临时登记证有效期为一年。肥料临时登记证有效期满，需要继续生产、销售该产品的，应当在有效期满两个月前提出续展登记申请，符合条件的经农业部批准续展登记。续展有效期为一年。续展临时登记最多不能超过两次。

肥料正式登记证有效期为五年。肥料正式登记证有效期满，需要继续生产、销售该产品的，应当在有效期满六个月前提出续展登记申请，符合条件的经农业部批准续展登记。续展有效期为五年。

三、监督管理

农业行政主管部门应当按照规定对辖区内的肥料生产、经营和使用单位的肥料进行定期或不定期监督、检查，必要时按照规定抽取样品和索取有关资料，有关单位不得拒绝和隐瞒。对质量不合格的产品，要限期改进。对质量连续不合格的产品，肥料登记证有效期满后不予续展。有下列情形之一的，由县级以上农业行政主管部门给予警告，并处罚款：（1）生产、销售未取得登记证的肥料产品；（2）假冒、伪造肥料登记证、登记证号的；（3）生产、销售的肥料产品有效成分或含量与登记批准的内容不符的。

有下列情形之一的，由县级以上农业行政主管部门给予警告，并处罚款：（1）转让肥料登记证或登记证号的；（2）登记证有效期满未经批准续展登记而继续生产该肥料产品的；（3）生产、销售包装上未附标签、标签残缺不清或者擅自修改标签内容的。

以案释法 20

经营未取得肥料登记证的肥料产品案

2009年4月20日县农业局在检查中发现，农资经营者陈某经营的“氨基酸”“精品茶园”“金茶园”“黄叶1喷绿”“豆满园”“土地快餐”“强力增瓜灵”“茶丰灵”“芸豆保花膨果灵”“茶又绿活力催芽素”“一品茶催芽先锋”等11种叶面肥未取得肥料登记证。对此，松阳县农业局进行了立案调查，经查实当事人于2008年5月至2009年2月通过托运等方式购得上述产品并进行销售，其行为已构成经营未取得肥料登记证的肥料产品的违法行为，共获取违法所得计人民币11917.00元。

释解

县农业局根据《肥料登记管理办法》第五条规定，国家实行肥料产品登记管理制度，未经登记的肥料产品不得进口、生产、销售和使用，不得进行广告宣传。第二十七条规定，生产、销售未取得登记证的肥料产品的，由县级以上农业行政主管部门给予警告，并处违法所得3倍以下罚款，但最高不得超过30000元；没有违法所得的，处10000元以下罚款。

农业局对当事人陈某作出警告，并处罚款15000元的行政处罚。

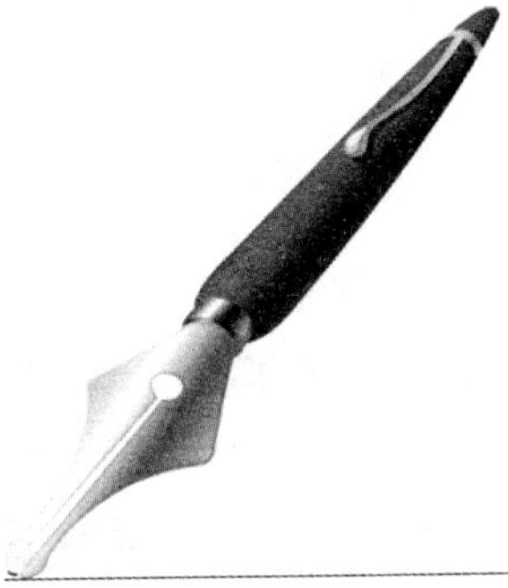

第七章

畜牧业管理

导读

改革开放以来，我国畜牧业持续快速发展，产业结构和产品结构不断改善，满足了城乡居民对畜禽产品多样化的需求，畜牧业已发展成为国民经济的支柱产业。进入21世纪以来，畜牧业发展面临新的形势和挑战：草原生态环境恶化，珍贵畜禽品种数量骤减乃至灭绝，传统饲养方式难以应对突发的动物疫病，饲料、饲料添加剂、兽药等使用不规范，影响畜禽产品质量安全。这些问题成为社会关注的热点。为了保障畜牧业的健康发展，我国已颁布实施草原法、动物防疫法、进出境动植物检疫法、《饲料和饲料添加剂管理其他》《种畜禽管理条例》等法律法规。农业行政部门担负着畜牧业、饲料业和草原的行业监督管理职能，负责监测畜牧、饲料行业经济运行和草原生态状况。

第一节　草原资源

为了保护、建设和合理利用草原，改善生态环境，维护生物多样性，发展现代畜牧业，促进经济和社会的可持续发展，1985年6月18日，六届全国人大会常委会十一次会议通过了草原法，并于2002年作了一次修订，2009年、2013年进行了两次修正。草原法调整人们在草原开发利用、保护和牧业活动法律所发生的各种社会关系。一般包括草原权益、草原保护、草原建设、牧业管理等内容。草原法确定了对草原的保护原则：实行科学规划、全面保护、重点建设、合理利用、可持续发展。2012年，最高人民法院颁布《关于审理破坏草原资源刑事案件应用法律若干问题的解释》不断加大草原执法监督力度。

一、草场资源权属

（一）草原权属制度

1. 所有权

（1）国家所有：草原属于国家所有，由法律规定属于集体所有的除外。国家所有的草原，由国务院代表国家行使所有权。任何单位或者个人不得侵占、买卖或者以其他形式非法转让草原。

（2）集体所有：集体所有的草原，由县级人民政府登记，核发所有权证，确认草原所有权。

2. 使用权

国家所有的草原，可以依法确定给全民所有制单位、集体经济组织等使用。依法取得国家所有的草原，应该由县级以上人民政府登记，核发使用权证，确认草原使用权。未确定使用权的国家所有的草原，由县级以上人民政府登记造册，并负责保护管理。

3. 承包经营权

集体所有的草原或者依法确定给集体经济组织使用的国家所有的草原，可以由本集体经济组织内的家庭或者联户承包经营。

（二）权属纠纷处理

草原所有权和使用权的争议，在当地草原管理部门的调解下，由当事者本着互谅、互让、有利于团结和发展生产的精神协商解决；协商不成的，由各级人民政府按下列原则处理：牧（农）户之间，村与村之间的草原使用权争议，由乡人民政府处理；乡与乡、乡与县属全民所有制单位之间的草原所有权和使用权争议，由县人民政府处理；县与县、县与地区所属全民所有制单位之间的草原所有权和使用权争议，由地区行署拉萨市人民政府处理；地区与地区、地区与自治区所属的全民所有制单位之间的草原所有权和使用权争议，报自治区人民政府处理；对处理不服的，可以在接到处理通知之日起一个月内，向上一级人民政府申请复议或向同级人民法院起诉；逾期不提出复议申请、不起诉，又不执行处理决定的，由裁决机关申请人民法院强制执行。在草原权属争议解决前，任何一方不得改变草原利用现状，不得破坏草原和草原上的设施。

二、草场资源规划和建设

国务院草原行政主管部门会同国务院有关部门编制全国草原保护、建设、利用规划，报国务院批准后实施。

（一）国家对草原保护、建设、利用实行统一规划制度

国务院草原行政主管部门会同国务院有关部门编制全国草原保护、建设、利用规划，报国务院批准后实施。县级以上地方人民政府草原行政主管部门会同同级有

关部门依据上一级草原保护、建设、利用规划编制本行政区域的草原保护、建设、利用规划，报本级人民政府批准后实施。经批准的草原保护、建设、利用规划确需调整或者修改时，须经原批准机关批准。

（二）国家建立草原调查制度

县级以上人民政府草原行政主管部门会同同级有关部门定期进行草原调查；草原所有者或者使用者应当支持、配合调查，并提供有关资料。国务院草原行政主管部门会同国务院有关部门制定全国草原等级评定标准。县级以上人民政府草原行政主管部门根据草原调查结果、草原的质量，依据草原等级评定标准，对草原进行评等定级。

（三）国家建立草原统计制度

县级以上人民政府草原行政主管部门和同级统计部门共同制定草原统计调查办法，依法对草原的面积、等级、产草量、载畜量等进行统计，定期发布草原统计资料。草原统计资料是各级人民政府编制草原保护、建设、利用规划的依据。

（四）国家建立草原生产、生态监测预警系统

县级以上人民政府草原行政主管部门对草原的面积、等级、植被构成、生产能力、自然灾害、生物灾害等草原基本状况实行动态监测，及时为本级政府和有关部门提供动态监测和预警信息服务。

（五）国家建立草原生产、生态监测预警系统。

县级以上人民政府草原行政主管部门对草原的面积、等级、植被构成、生产能力、自然灾害、生物灾害等草原基本状况实行动态监测，及时为本级政府和有关部门提供动态监测和预警信息服务。

三、草场资源征用

（一）征用、征收

1. 矿藏开采和工程建设用地审批制

进行矿藏开采和工程建设，应当不占或者少占草原；确需征收、征用或者使用草原的，必须经省级以上人民政府草原行政主管部门审核同意后，依照有关土地管理的法律、行政法规办理建设用地审批手续。

2. 临时占用草地审核制

需要临时占用草原的，应当经县级以上地方人民政府草原行政主管部门审核同意。临时占用草原的期限不得超过二年，并不得在临时占用的草原上修建永久性建筑物、构筑物；占用期满，用地单位必须恢复草原植被并及时退还。

3. 修筑特定工程设施批准制

在草原上修建直接为草原保护和畜牧业生产服务的工程设施，需要使用草原的，由县级以上人民政府草原行政主管部门批准；这些工程设施包括：（1）生产、贮存

草种和饲草饲料的设施；（2）牲畜圈舍、配种点、剪毛点、药浴池、人畜饮水设施；（3）科研、试验、示范基地；（4）草原防火和灌溉设施。

修筑其他工程，需要将草原转为非畜牧业生产用地的，必须依法办理建设用地审批手续。

（二）征用、征收补偿

1. 补偿费

因建设征收、征用集体所有的草原的，应当依照土地管理法的规定给予补偿；因建设使用国家所有的草原的，应当依照国务院有关规定对草原承包经营者给予补偿。征用耕地的补偿费用包括土地补偿费、安置补助费以及地上附着物和青苗的补偿费。

2. 植被恢复费

因建设征收、征用或者使用草原的，应当交纳草原植被恢复费。草原植被恢复费专款专用，由草原行政主管部门按照规定用于恢复草原植被，任何单位和个人不得截留、挪用。

以案释法 21

非法开垦草原以非法占用农用地罪论处案

甘肃省史某于2013年至2014年期间，在环县甜水镇狼儿滩村实施非法开垦草原行为。2014年11月16日，环县草原监理站接到举报后对此案进行了立案调查。经查，史某两次累计非法开垦草原75.8亩，并种植了粮食作物，其行为已涉嫌构成犯罪。环县草原监理站遂将此案移送县公安局。

释解

最高人民法院出台的《最高人民法院关于审理破坏草原资源刑事案件应用法律若干问题的解释》第一条明确规定，违反草原法等土地管理法规，非法占用草原，改变被占用草原用途，数量较大，造成草原大量毁坏的，依照刑法第三百四十二条的规定，以非法占用农用地罪定罪处罚。该解释规定非法占用草原，改变被占用草原用途，数量在二十亩以上的，或者曾因非法占用草原受过行政处罚，在三年内又非法占用草原，改变被占用草原用途，数量在十亩以上的，应当认定为刑法第三百四十二条规定的“数量较大”。非法占用草原，改变被占用草原用途，数量较大，具有下列情形之一的，应当认定为刑法第三百四十二条规定的“造成耕地、林地等农用地大量毁坏”：（1）开垦草原种植粮食作物、经济作物、林木的；（2）在草原上建窑、建房、修路、挖砂、采石、采矿、取土、剥取草皮的；（3）在草原上堆放或者排放废弃物，造成草原的原有植被严重毁坏或者严重污染的；（4）违反草原保护、建设、利用规划种植牧草和饲料作物，造成草原沙化或者水土严重流失的；（5）其他造成草原严重毁坏的情形。

最终法院以非法占用农用地罪判处被告人史某有期徒刑一年六个月，缓刑三年，并处罚金人民币三千元。

第二节　畜禽养殖

为了规范畜牧业生产经营行为，保障畜禽产品质量安全，保护和合理利用畜禽遗传资源，维护畜牧业生产经营者的合法权益，促进畜牧业持续健康发展，2005年12月29日，十届全国人大常委会十九次会议通过畜牧法。为了适应畜牧业发展，2015年，畜牧法进行了最新修正。

一、概述

立法目的：规范畜牧业的生产经营行为；保障畜禽产品质量安全；保护和合理利用畜禽遗传资源；维护畜牧业生产经营者的合法权益；促进畜牧业持续健康发展。

行政管理职责：国务院畜牧兽医行政主管部门负责全国畜牧业的监督管理工作。县级以上地方人民政府畜牧兽医行政主管部门负责本行政区域内的畜牧业监督管理工作。县级以上人民政府有关主管部门在各自的职责范围内，负责有关促进畜牧业发展的工作。其主要职责包括：（1）监督管理畜禽遗传资源的保护；（2）监督管理种畜禽生产经营；（3）监督管理畜禽养殖、交易与运输；（4）监督保障畜禽产品质量安全。

二、畜牧业管理的基本制度

（一）畜禽遗传资源保护制度

国家建立畜禽遗传资源保护制度。各级人民政府应当采取措施，加强畜禽遗传资源保护，畜禽遗传资源保护经费列入财政预算。畜禽遗传资源保护以国家为主，鼓励和支持有关单位、个人依法发展畜禽遗传资源保护事业。

（二）审定制度

培育的畜禽新品种、配套系和新发现的畜禽遗传资源，在推广前必须通过国家畜禽遗传资源委员会的审定或鉴定；畜禽新品种、配套系培育者的合法权益受到法律保护。转基因畜禽品种的培育、试验、审定和推广。应当符合国家有关农业转基因生物管理的规定。

（三）生产经营许可证制度

从事种畜禽生产经营或者生产商品代仔畜、雏禽的单位、个人，应当取得种畜禽生产经营许可证。申请人持种畜禽生产经营许可证依法办理工商登记。取得营业执照后，方可从事生产经营活动。

（四）技术人员职业资格证制度

专门从事家畜人工授精、胚胎移植等繁殖工作的人员，应当取得相应的国家职业资格证书。

（五）畜禽质量监管制度

1. 种禽质量监管

县级以上人民政府畜牧兽医行政主管部门负责种畜禽质量安全的监督管理工作。畜禽质量安全的监督检验应当委托具有法定资质的种畜禽质量检验机构进行。所需检验费用按照国务院规定列支，不得向被检验人收取。

2. 畜禽质量监管

县级以上人民政府应当组织畜牧兽医行政主管部门和其他有关主管部门，依照本法和有关法律、行政法规的规定，加强对畜禽饲养环境、种畜禽质量、饲料和兽药等投入品的使用以及畜禽交易与运输的监督管理。

3. 标识管理

进行交易的畜禽必须符合国家技术规范的强制性要求。国务院畜牧兽医行政主管部门规定应当加施标识而没有标识的畜禽，不得销售和收购。

4. 养殖档案管理

养殖档案，包括畜禽繁育、饲料配方、畜禽免疫、检疫、疾病诊疗、兽药使用、粪便处理、病死畜禽无害化处理、畜禽销售等的档案记录。养殖档案由养殖场按照畜牧兽医行政主管部门规定建立，畜禽养殖档案记载的内容包括：（1）所饲养的畜禽品种、数量、来源、繁育记录以及买入、卖出等情况；（2）饲料、饲料添加剂、兽药等投入品使用等情况；（3）畜禽检疫、免疫、消毒、发病、死亡、病死畜禽无害化处理等情况。

以案释法 22

行政处罚贩运猪肉未加盖检疫章

2000年7月20日至23日，某县个体户袁某先后将73头生猪运到本县城关镇肉食水产公司下属的屠宰场屠宰。其中，只有50头生猪经过了兽医卫生检疫部门检疫。为了逃避检疫，袁某伪造某县畜牧局动物产品检疫验讫印章并加盖在另外23头生猪身上。

7月25日，某县畜牧局所属的城关镇兽医站两名执法人员在出示执法身份证件后对袁某的冷藏库进行检查，发现有23头生猪上加盖的兽医卫生检疫验讫印章是假的。据此，某县畜牧局认定袁某逃避兽医卫生检疫，当场对23头生猪进行补检，责令袁某补缴检疫费230元，并依照动物防疫法第五十一条的规定，对其作出收缴伪造的印章并处以3000元罚款的处罚决定。执法人员当场填写了行政处罚决定书并由袁某签收。同时，执法人员告知袁某如不服该处罚决定，可以向上级行政主管部门申请行政复议，也可以直接向人民法院提起行政诉讼。

袁某不服某县畜牧局的处罚决定，认为县畜牧局根据动物防疫法第五十一条的规定对其进行处罚是适用法律错误，于7月28日向某县人民法院提起行政诉讼。

释解

本案主要涉及某县畜牧局适用简易程序当场对袁某实施行政处罚是否适当的问题。行政处罚法第三十三条规定，违法事实确凿并有法定依据，对公民处以五十元以下、对法人或者其他组织处以一千元以下罚款或者警告的行政处罚的，可以当场作出行政处罚决定。

根据农业部发布的《关于请解释检疫验讫（印章）标志是否属于检疫证明的函》的规定，检疫证书、检疫验讫（印章）标志都是动物和动物产品经检疫合格的证明，二者的法律功能是相同的：只不过检疫证书是以“纸质”文件的形式表现，既适用于活体动物又适用于屠宰后的动物产品；检疫验讫（印章）标志是以“图形”的形式表现出来的，大多是加盖在动物产品的胴体上或加封在动物身体的某个部位。袁某为了逃避某县畜牧部门对其贩运的生猪进行检疫，伪造检疫验讫印章，其行为属于动物防疫法第五十一条规定的“伪造检疫证明”。某县畜牧局依照动物防疫法第五十一条的规定对其进行处罚适用法律是正确的。但某县畜牧局对袁某处以收缴伪造的印章和3000元的罚款，已超出了行政处罚法第三十三条规定的行政处罚种类和罚款幅度。该案件不能适用简易程序当场作出处罚决定，应当按照一般程序进行处理。

第三节　饲料和饲料添加剂

饲料行业与种植业和养殖业密切相关，又涉及“菜篮子”工程建设和肉、蛋、奶、鱼等动物产品的卫生安全，对农业、农村发展、农民致富和人民生活水上的提高以及身体健康有着十分重要的意义。为了加强对饲料、饲料添加剂的管理，提高饲料、饲料添加剂的质量，促进饲料工业和养殖业的发展，维护人民身体健康。1999年5月29日国务院发《饲料和饲料添加剂管理条例》，并分别于2001年、2011年、2013年进行了三次修订。

一、概述

饲料，是指经工业化加工、制作的供动物食用的产品，包括单一饲料、添加剂预混合饲料、浓缩饲料、配合饲料和精料补充料。

饲料添加剂，是指在饲料加工、制作、使用过程中添加的少量或者微量物质，包括营养性饲料添加剂和一般饲料添加剂。

国务院农业行政主管部门负责全国饲料、饲料添加剂的监督管理工作。县级以上地方人民政府负责饲料、饲料添加剂管理的部门，负责本行政区域饲料、饲料添加剂的监督管理工作。县级以上地方人民政府统一领导本行政区域饲料、饲料添加剂的监督管理工作，建立健全监督管理机制，保障监督管理工作的开展。

国务院农业行政主管部门和县级以上地方人民政府饲料管理部门在监督检查中可以采取下列措施：(1) 对饲料、饲料添加剂生产、经营、使用场所实施现场检查；(2) 查阅、复制有关合同、票据、账簿和其他相关资料；(3) 查封、扣押有证据证明用于违法生产饲料的饲料原料、单一饲料、饲料添加剂、药物饲料添加剂、添加剂预混合饲料，用于违法生产饲料添加剂的原料，用于违法生产饲料、饲料添加剂的工具、设施，违法生产、经营、使用的饲料、饲料添加剂；(4) 查封违法生产、经营饲料、饲料添加剂的场所。

二、新饲料、新饲料添加剂管理制度

(一) 新饲料、新饲料添加剂品种审定制

研制的新饲料、新饲料添加剂投入生产前，研制者或者生产企业应当向国务院农业行政主管部门提出审定申请。国务院农业行政主管部门应当自受理申请之日起5个工作日内，将新饲料、新饲料添加剂的样品和申请资料交全国饲料评审委员会，对该新饲料、新饲料添加剂的安全性、有效性及其对环境的影响进行评审。

(二) 质量监测

新饲料、新饲料添加剂的监测期为5年。新饲料、新饲料添加剂处于监测期的，不受理其他就该新饲料、新饲料添加剂的生产申请和进口登记申请，但超过3年不投入生产的除外。生产企业应当收集处于监测期的新饲料、新饲料添加剂的质量稳定性及其对动物产品质量安全的影响等信息，并向国务院农业行政主管部门报告；国务院农业行政主管部门应当对新饲料、新饲料添加剂的质量安全状况组织跟踪监测，证实其存在安全问题的，应当撤销新饲料、新饲料添加剂证书并予以公告。

(三) 饲料、饲料添加剂进口登记制度

向中国出口中国境内尚未使用但出口国已经批准生产和使用的饲料、饲料添加剂的，应当委托中国境内代理机构向国务院农业行政主管部门申请登记。

国务院农业行政主管部门应当依照新饲料、新饲料添加剂的评审程序组织评审，并决定是否核发饲料、饲料添加剂进口登记证。饲料、饲料添加剂进口登记证有效

期为5年。进口登记证有效期满需要继续向中国出口饲料、饲料添加剂的，应当在有效期届满6个月前申请续展。

禁止进口未取得饲料、饲料添加剂进口登记证的饲料、饲料添加剂。

（四）生产许可证制度

设立饲料、饲料添加剂生产企业，应当向省、自治区、直辖市人民政府饲料管理部门申请生产许可证。设立饲料、饲料添加剂生产企业，应当符合饲料工业发展规划和产业政策，并具备下列条件：（1）有与生产饲料、饲料添加剂相适应的厂房、设备和仓储设施；（2）有与生产饲料、饲料添加剂相适应的专职技术人员；（3）有必要的产品质量检验机构、人员、设施和质量管理制度；（4）有符合国家规定的安全、卫生要求的生产环境；（5）有符合国家环境保护要求的污染防治措施；（6）国务院农业行政主管部门制定的饲料、饲料添加剂质量安全管理规范规定的其他条件。

省、自治区、直辖市人民政府饲料管理部门应当自受理申请之日起10个工作日内进行书面审查；审查合格的，组织进行现场审核，并根据审核结果在10个工作日内作出是否核发生产许可证的决定。

申请人凭生产许可证办理工商登记手续。

生产许可证有效期为5年。生产许可证有效期满需要继续生产饲料、饲料添加剂的，应当在有效期届满6个月前申请续展。

（五）产品批准文号制度

饲料添加剂、添加剂预混合饲料生产企业取得生产许可证后，由省、自治区、直辖市人民政府饲料管理部门按照国务院农业行政主管部门的规定，核发相应的产品批准文号。

（六）信息保存制度

饲料、饲料添加剂生产企业应当如实记录采购的饲料原料、单一饲料、饲料添加剂、药物饲料添加剂、添加剂预混合饲料和用于饲料添加剂生产的原料的名称、产地、数量、保质期、许可证明文件编号、质量检验信息、生产企业名称或者供货者名称及其联系方式、进货日期等。记录保存期限不得少于2年。

饲料、饲料添加剂生产企业应当如实记录出厂销售的饲料、饲料添加剂的名称、数量、生产日期、生产批次、质量检验信息、购货者名称及其联系方式、销售日期等。记录保存期限不得少于2年。

（七）召回制度

饲料、饲料添加剂生产企业发现其生产的饲料、饲料添加剂对养殖动物、人体健康有害或者存在其他安全隐患的，应当立即停止生产，通知经营者、使用者，向饲料管理部门报告，主动召回产品，并记录召回和通知情况。召回的产品应当在饲料管理部门监督下予以无害化处理或者销毁。

三、其他禁止性规定

禁止在反刍动物饲料中添加乳和乳制品以外的动物源性成分。

禁止生产、经营、使用未取得新饲料、新饲料添加剂证书的新饲料、新饲料添加剂以及禁用的饲料、饲料添加剂。

禁止经营、使用无产品标签、无生产许可证、无产品质量标准、无产品质量检验合格证的饲料、饲料添加剂。禁止经营、使用无产品批准文号的饲料添加剂、添加剂预混合饲料。

禁止经营、使用未取得饲料、饲料添加剂进口登记证的进口饲料、进口饲料添加剂。

禁止对饲料、饲料添加剂作具有预防或者治疗动物疾病作用的说明或者宣传。但是，饲料中添加药物饲料添加剂的，可以对所添加的药物饲料添加剂的作用加以说明。

以案释法 23

行政处罚饲料厂销售禁用“抗生素药渣”

2010年8月21日，某市农业局接到群众举报，反映某饲料厂销售禁用的“抗生素药渣”，县农业局立即对举报调查核实。经查，该饲料厂从外省购进一批“抗生素药渣”，共销售13.26吨，销售价格为每吨1160元，总计销售额为15381.6元。

释解

“抗生素药渣”是抗生素类产品在生产过程中产生的工业三废，由于其高蛋白质含量和微量的抗生素成分，在饲料和饲养过程中使用会对动物有一定的促生长作用。但是由于其使用会引起畜禽和人耐药性的反应。因此，国家明令禁止在饲料中添加使用。该饲料厂销售禁用的“抗生素药渣”，其行为已违反了《饲料和饲料添加剂管理条例》第二十九条第一款“禁止生产、经营、使用未取得新饲料、新饲料添加剂证书的新饲料、新饲料添加剂以及禁用的饲料、饲料添加剂”的规定。

根据《饲料和饲料添加剂管理条例》第四十三条规定，由县级人民政府饲料管理部门责令改正，没收违法所得和违法经营的产品，违法经营的产品货值金额不足1万元的，并处2000元以上2万元以下罚款，货值金额1万元以上的，并处货值金额2倍以上5倍以下罚款；情节严重的，责令停止经营，并通知工商行政管理部门，由工商行政管理部门吊销营业执照；构成犯罪的，依法追究刑事责任。据此，该县农业局对该饲料厂处以没收违法所得人民币15381.6元，并处罚货值两倍的罚款。

第四节　乳品质量安全监督

为了加强乳品质量安全监督管理，保证乳品质量安全，保障公众身体健康和生命安全，促进奶业健康发展。2008年10月9日，国务院公布《乳品质量安全监督管理条例》。

一、乳品监管机构

县级以上地方人民政府对本行政区域内的乳品质量安全监督管理负总责。

畜牧兽医主管部门：县级以上人民政府畜牧兽医主管部门负责奶畜饲养以及生鲜乳生产环节、收购环节的监督管理。

质量监督检验检疫部门：县级以上质量监督检验检疫部门负责乳制品生产环节和乳品进出口环节的监督管理。

工商行政管理部门：县级以上工商行政管理部门负责乳制品销售环节的监督管理。县级以上食品药品监督部门负责乳制品餐饮服务环节的监督管理。

卫生主管部门：县级以上人民政府卫生主管部门依照职权负责乳品质量安全监督管理的综合协调、组织查处食品安全重大事故。

二、乳品质量安全国家标准

生鲜乳和乳制品应当符合乳品质量安全国家标准。乳品质量安全国家标准应当包括乳品中的致病性微生物、农药残留、兽药残留、重金属以及其他危害人体健康物质的限量规定，乳品生产经营过程的卫生要求，通用的乳品检验方法与规程，与乳品安全有关的质量要求，以及其他需要制定为乳品质量安全国家标准的内容。

制定婴幼儿奶粉的质量安全国家标准应当充分考虑婴幼儿身体特点和生长发育需要，保证婴幼儿生长发育所需的营养成分。

国务院卫生主管部门应当根据疾病信息和监督管理部门的监督管理信息等，对发现添加或者可能添加到乳品中的非食品用化学物质和其他可能危害人体健康的物质，立即组织进行风险评估，采取相应的监测、检测和监督措施。

三、乳品质量安全禁止性规范

禁止在生鲜乳生产、收购、贮存、运输、销售过程中添加任何物质。

禁止在乳制品生产过程中添加非食品用化学物质或者其他可能危害人体健康的物质。

从事奶畜养殖，不得使用国家禁用的饲料、饲料添加剂、兽药以及其他对动物和人体具有直接或者潜在危害的物质。

禁止销售在规定用药期和休药期内的奶畜产的生鲜乳。

禁止其他单位或者个人开办生鲜乳收购站。禁止其他单位或者个人收购生鲜乳。

禁止收购下列生鲜乳：(1) 经检测不符合健康标准或者未经检疫合格的奶畜产的；(2) 奶畜产犊7日内的初乳，但以初乳为原料从事乳制品生产的除外；(3) 在规定用药期和休药期内的奶畜产的；(4) 其他不符合乳品质量安全国家标准的。

四、许可证制度

(一) 生鲜乳收购许可证

生鲜乳收购站应当由取得工商登记的乳制品生产企业、奶畜养殖场、奶农专业生产合作社开办，并具备下列条件，取得所在地县级人民政府畜牧兽医主管部门颁发的生鲜乳收购许可证。生鲜乳收购许可证有效期2年；生鲜乳收购站不再办理工商登记。

(二) 乳制品生产许可证

从事乳制品生产活动，应当具备相关法定条件，取得所在地质量监督部门颁发的食品生产许可证。

质量监督部门对乳制品生产企业颁发食品生产许可证，应当征求所在地工业行业管理部门的意见。未取得食品生产许可证的任何单位和个人，不得从事乳制品生产。

五、法律责任

(一) 生产、销售有毒、有害食品罪

生鲜乳收购者、乳制品生产企业在生鲜乳收购、乳制品生产过程中，加入非食品用化学物质或者其他可能危害人体健康的物质，依照刑法第一百四十四条“生产、销售有毒、有害食品罪”的规定，构成犯罪的，依法追究刑事责任，并由发证机关吊销许可证照；尚不构成犯罪的，由畜牧兽医主管部门、质量监督部门依据各自职责没收违法所得和违法生产的乳品，以及相关的工具、设备等物品，并处违法乳品货值金额15倍以上30倍以下罚款，由发证机关吊销许可证照。

生产、销售不符合乳品质量安全国家标准的乳品，依照刑法第一百四十三条“生产、销售有毒、有害食品罪”的规定，构成犯罪的，依法追究刑事责任，并由发证机关吊销许可证照；尚不构成犯罪的，由畜牧兽医主管部门、质量监督部门、工商行政管理部门依据各自职责没收违法所得、违法乳品和相关的工具、设备等物品，并处违法乳品货值金额10倍以上20倍以下罚款，由发证机关吊销许可证照。

(二) 生产不合格乳制品

对不符合乳品质量安全国家标准、存在危害人体健康和生命安全或者可能危害婴幼儿身体健康和生长发育的乳制品，不停止生产、不召回的，由质量监督部门责令停止生产、召回；拒不停止生产、拒不召回的，没收其违法所得、违法乳制品和

相关的工具、设备等物品，并处违法乳制品货值金额15倍以上30倍以下罚款，由发证机关吊销许可证照。

（三）销售不合格乳制品

乳制品销售者，销售对不符合乳品质量安全国家标准、存在危害人体健康和生命安全或者可能危害婴幼儿身体健康和生长发育的乳制品，不停止销售、不追回的，由工商行政管理部门责令停止销售、追回；拒不停止销售、拒不追回的，没收其违法所得、违法乳制品和相关的工具、设备等物品，并处违法乳制品货值金额15倍以上30倍以下罚款，由发证机关吊销许可证照。

在婴幼儿奶粉生产过程中，加入非食品用化学物质或其他可能危害人体健康的物质的，或者生产、销售的婴幼儿奶粉营养成分不足、不符合乳品质量安全国家标准的，依照相关规定，从重处罚。

（四）乳品质量安全事故

奶畜养殖者、生鲜乳收购者、乳制品生产企业和销售者在发生乳品质量安全事故后未报告、处置的，由畜牧兽医、质量监督、工商行政管理、食品药品监督等部门依据各自职责，责令改正，给予警告；毁灭有关证据的，责令停产停业，并处10万元以上20万元以下罚款；造成严重后果的，由发证机关吊销许可证照；构成犯罪的，依法追究刑事责任。

（五）违反乳制品许可证管理

县级以上地方人民政府畜牧兽医主管部门没收违法所得、违法收购的生鲜乳和相关的设备、设施等物品，并处违法乳品货值金额5倍以上10倍以下罚款；有许可证照的，由发证机关吊销许可证照：未取得生鲜乳收购许可证收购生鲜乳的；生鲜乳收购站取得生鲜乳收购许可证后，不再符合许可条件继续从事生鲜乳收购的；生鲜乳收购站收购禁止收购的生鲜乳的。

以案释法 24

未经许可经营海外代购婴幼儿奶粉

2015年4月，王某见“单独二胎”市场渐暖，“洋奶粉”颇受妈妈们欢迎，便联系到法国留学的朋友，托其购进价值为44000元的法国产的婴幼儿配方奶粉，在淘宝网上申请开办的“宝儿乐海外代购店”对外销售。5月6日，荆门市某区食品药品监管局调查发现，王某未经许可经营婴幼儿奶粉。6月19日，该局依法给予其违法经营食品货值5倍，共计22万元罚款的行政处罚。

释解

奶粉尤其是婴幼儿奶粉，是关系到儿童生长发育的重大问题，在保证安全的同时还要营养充分，《乳品质量安全监督管理条例》以及食品安全法对婴幼儿奶粉一直都从严监管。根据《乳品质量安全监督管理条例》规定，从事乳制品销售应当按照食品安全监督管理的有关规定，依法向工商行政管理部门申请领取有关证照。食品安全法规定，国家对食品生产经营实行许可制度，从事食品生产、食品销售、餐饮服务，应当依法取得许可。王某未经许可，在网上开店盈利，属于违法行为。

第八章

渔业管理

导读

渔业是指开发和利用水域，采集捕捞与人工养殖各种有经济价值的水生动植物以取得水产品的社会生产部门，一般分为海洋渔业、淡水渔业。渔业法、水生野生动物保护法、水污染防治法等法律法规的颁布实施，对加强渔业资源的增殖保护开发和利用，强化渔用船舶管理，保护水生野生动植物资源，全力维护渔业生产经营秩序提供了法律保障，为地方渔业又好又快发展创造了优良的环境。随着经济社会的发展，当前渔业现代化建设中出现了一些新情况、新问题需要进一步强化渔业法制建设来加以规范。

第一节　渔业捕捞

为了加强渔业资源的保护、增殖、开发和合理利用，发展人工养殖，保障渔业生产者的合法权益，促进渔业生产的发展，适应社会主义建设和人民生活的需要。1986年1月20日，六届全国人大常委会十四次会议通过渔业法并于2000年、2004年、2009年、2013年进行四次修正。为了加强渔业许可管理，2002年8月23日农业部发布渔业捕捞许可管理规定，并于2007年、2013年两次修订。

一、概述

在中国的内水、滩涂、领海、专属经济区以及中华人民共和国管辖的一切其他海域从事养殖和捕捞水生动物、水生植物等渔业生产活动，适用渔业法。

外国人、外国渔业船舶进入中国管辖水域，从事渔业生产或者渔业资源调查活动，必须经国务院有关主管部门批准，并遵守渔业法和中国其他有关法律、法规的规定；同中国签订有条约、协定的，按照条约、协定办理。

第一，监管机构以及监管人员。国家对渔业的监督管理，实行统一领导、分级管理。国务院渔业行政主管部门主管全国的渔业工作；县级以上地方人民政府渔业行政主管部门主管本行政区域内的渔业工作。县级以上人民政府渔业行政主管部门可以在重要渔业水域、渔港设渔政监督管理机构。县级以上人民政府渔业行政主管部门及其所属的渔政监督管理机构可以设渔政检查人员。渔政检查人员执行渔业行政主管部门及其所属的渔政监督管理机构交付的任务。

第二，监管权。国家渔政渔港监督管理机构对外行使渔政渔港监督管理权。

第三，渔业区域管理。一是海洋渔业。海洋渔业，除国务院划定由国务院渔业行政主管部门及其所属的渔政监督管理机构监督管理的海域和特定渔业资源渔场外，由毗邻海域的省、自治区、直辖市人民政府渔业行政主管部门监督管理。二是江河、湖泊等水域的渔业。江河、湖泊等水域的渔业，按照行政区划由有关县级以上人民政府渔业行政主管部门监督管理；跨行政区域的，由有关县级以上地方人民政府协商制定管理办法，或者由上一级人民政府渔业行政主管部门及其所属的渔政监督管理机构监督管理。

二、养殖业

国家鼓励全民所有制单位、集体所有制单位和个人充分利用适于养殖的水域、滩涂，发展养殖业。县级以上人民政府渔业行政主管部门应当加强对养殖生产的技术指导和病害防治工作。

（一）养殖证

国家对水产养殖海域和内陆水域实行养殖证制度。利用海域和内陆水域从事养殖生产活动的单位和个人，必须依法取得养殖证。单位和个人使用国家规划确定用于养殖业的全民所有的水域、滩涂的，使用者应当向县级以上地方人民政府渔业行政主管部门提出申请，由本级人民政府核发养殖证，许可其使用该水域、滩涂从事养殖生产。县级以上地方人民政府在核发养殖证时，应当优先安排当地的渔业生产者。

（二）水产新品种

水产新品种必须经全国水产原种和良种审定委员会审定，由国务院渔业行政主管部门公告后推广。

（三）水产苗种

水产苗种的进口、出口由国务院渔业行政主管部门或者省、自治区、直辖市人民政府渔业行政主管部门审批；水产苗种的生产由县级以上地方人民政府渔业行政主管部门审批，但是，渔业生产者自育、自用水产苗种的除外；水产苗种的进口、出口必须实施检疫，防止病害传入境内和传出境外，具体检疫工作按照有关动植物进出境检疫法律、行政法规的规定执行；引进转基因水产苗种必须进行安全性评价，具体管理工作按照国务院有关规定执行。

（四）养殖

从事养殖生产不得使用含有毒有害物质的饵料、饲料。

从事养殖生产应当保护水域生态环境，科学确定养殖密度，合理投饵、施肥、使用药物，不得造成水域的环境污染。

三、捕捞业

国家在财政、信贷和税收等方面采取措施，鼓励、扶持远洋捕捞业的发展，并根据渔业资源的可捕捞量，安排内水和近海捕捞力量。

（一）捕捞限额制度

国家根据捕捞量低于渔业资源增长量的原则，确定渔业资源的总可捕捞量，实行捕捞限额制度。我国内海、领海、专属经济区和其他管辖海域的捕捞限额总量由国务院渔业行政主管部门确定，报国务院批准后逐级分解下达；国家确定的重要江河、湖泊的捕捞限额总量由有关省、自治区、直辖市人民政府确定或者协商确定，逐级分解下达。

捕捞限额总量的分配应当体现公平、公正的原则，分配办法和分配结果必须向社会公开，并接受监督。

国务院渔业行政主管部门和省、自治区、直辖市人民政府渔业行政主管部门应当加强对捕捞限额制度实施情况的监督检查，对超过上级下达的捕捞限额指标的，应当在其次年捕捞限额指标中予以核减。

（二）捕捞许可证

国家对捕捞业实行捕捞许可证制度。

到中华人民共和国与有关国家缔结的协定确定的共同管理的渔区或者公海从事捕捞作业的捕捞许可证，由国务院渔业行政主管部门批准发放。到他国管辖海域从事捕捞作业的，应当经国务院渔业行政主管部门批准，并遵守中华人民共和国缔结的或者参加的有关条约、协定和有关国家的法律。

海洋大型拖网、围网作业的捕捞许可证，由省、自治区、直辖市人民政府渔业行政主管部门批准发放。

其他作业的捕捞许可证，由县级以上地方人民政府渔业行政主管部门批准发放；但是，批准发放海洋作业的捕捞许可证不得超过国家下达的船网工具控制指标，具体办法由省、自治区、直辖市人民政府规定。

具备下列条件的，方可发给捕捞许可证：（1）有渔业船舶检验证书；（2）有渔业船舶登记证书；（3）符合国务院渔业行政主管部门规定的其他条件。

县级以上地方人民政府渔业行政主管部门批准发放的捕捞许可证，应当与上级人民政府渔业行政主管部门下达的捕捞限额指标相适应。

捕捞许可证不得买卖、出租和以其他形式转让，不得涂改、伪造、变造。

从事捕捞作业的单位和个人，必须按照捕捞许可证关于作业类型、场所、时限、渔具数量和捕捞限额的规定进行作业，并遵守国家有关保护渔业资源的规定，大中型渔船应当填写渔捞日志。

四、渔业资源的增殖和保护

行政管理。县级以上人民政府渔业行政主管部门应当对其管理的渔业水域统一规划，采取措施，增殖渔业资源。

县级以上人民政府渔业行政主管部门可以向受益的单位和个人征收渔业资源增殖保护费，专门用于增殖和保护渔业资源。渔业资源增殖保护费的征收办法由国务院渔业行政主管部门会同财政部门制定，报国务院批准后施行。

水产种质资源保护。国家保护水产种质资源及其生存环境，并在具有较高经济价值和遗传育种价值的水产种质资源的主要生长繁育区域建立水产种质资源保护区。未经国务院渔业行政主管部门批准，任何单位或者个人不得在水产种质资源保护区内从事捕捞活动。

禁止性规定：禁止使用炸鱼、毒鱼、电鱼等破坏渔业资源的方法进行捕捞；禁止制造、销售、使用禁用的渔具；禁止在禁渔区、禁渔期进行捕捞；禁止使用小于最小网目尺寸的网具进行捕捞，捕捞的渔获物中幼鱼不得超过规定的比例，在禁渔区或者禁渔期内禁止销售非法捕捞的渔获物；禁止捕捞有重要经济价值的水生动物苗种；禁止围湖造田；禁止捕杀、伤害国家重点保护的水生野生动物。

以案释法 25

使用电跑网捕鱼破坏渔业资源案

2015年4月22日下午，安徽省称巢湖渔管局4名渔政执法人员驾车在湖岸边巡逻时，发现距岸边100米处的水面上有4人正在使用电跑网捕鱼。当他们发现有巡逻车辆靠近时，急忙收网藏鱼，准备逃离现场，执法人员立即用摄像机对电捕现场进行了拍摄取证。根据案情，巢湖渔管局随即启动一般程序，立案查处。在取得确凿证据后，依法对非法电鱼的4人分别处以2000元罚款，并于5月4日送达了渔业行政处罚决定书。

释解

电鱼是各类渔业违法违规行为中极具典型的行为，不仅严重破坏渔业资源，也威胁作业者及他人的生命安全。由于电鱼行为投资少、利润大。而且购置一套简易电捕鱼设备，在湖中电捕作业几次即可收回全部投资。利益驱使一些渔民铤而走险，非法进行电捕鱼作业。渔业管理部门应该加强监管，加大处罚力度，保护渔业资源合理捕捞。

根据渔业法规定，使用炸鱼、毒鱼、电鱼等破坏渔业资源方法进行捕捞的，违反关于禁渔区、禁渔期的规定进行捕捞的，或者使用禁用的渔具、捕捞方法和小于最小网目尺寸的网具进行捕捞或者渔获物中幼鱼超过规定比例的，没收渔获物和违法所得，处五万元以下的罚款；情节严重的，没收渔具，吊销捕捞许可证；情节特别严重的，可以没收渔船；构成犯罪的，依法追究刑事责任。巢湖渔管局作出的行政处罚程序正当，处罚合理恰当。

第二节　水污染防治

为了防治水污染，保护和改善环境，保障饮用水安全，促进经济社会全面协调可持续发展。1984年5月11日，六届全国人大常委会五次会议通过水污染防治法，并于1996年进行了修正，2008年作出修订。

一、概述

水污染防治法适用于我领域内的江河、湖泊、运河、渠道、水库等地表水体以及地下水体的污染防治。

二、水污染防治监管制度

（一）重点水污染物排放实施总量控制制度

国家对重点水污染物排放实施总量控制制度。省、自治区、直辖市人民政府应当按照国务院的规定削减和控制本行政区域的重点水污染物排放总量，并将重点水污染物排放总量控制指标分解落实到市、县人民政府。市、县人民政府根据本行政区域重点水污染物排放总量控制指标的要求，将重点水污染物排放总量控制指标分解落实到排污单位。对超过重点水污染物排放总量控制指标的地区，有关人民政府环境保护主管部门应当暂停审批新增重点水污染物排放总量的建设项目的环境影响评价文件。

（二）排污许可证制度

国家实行排污许可制度。直接或者间接向水体排放工业废水和医疗污水以及其他按照规定应当取得排污许可证方可排放的废水、污水的企业事业单位，应当取得排污许可证；城镇污水集中处理设施的运营单位，也应当取得排污许可证。

禁止企业事业单位无排污许可证或者违反排污许可证的规定向水体排放前款规定的废水、污水。直接向水体排放污染物的企业事业单位和个体工商户，应当按照排放水污染物的种类、数量和排污费征收标准缴纳排污费。排污费应当用于污染的防治，不得挪作他用。

（三）水环境质量监测和水污染物排放监测制度

国家建立水环境质量监测和水污染物排放监测制度。国务院环境保护主管部门负责制定水环境监测规范，统一发布国家水环境状况信息，会同国务院水行政等部门组织监测网络。国家确定的重要江河、湖泊流域的水资源保护工作机构负责监测其所在流域的省界水体的水环境质量状况，并将监测结果及时报国务院环境保护主管部门和国务院水行政主管部门；有经国务院批准成立的流域水资源保护领导机构的，应当将监测结果及时报告流域水资源保护领导机构。

三、水污染事故处置

（一）企事业单位水污染事故由环境部门主管

企业事业单位发生事故或者其他突发性事件，造成或者可能造成水污染事故的，应当立即启动本单位的应急方案，采取应急措施，并向事故发生地的县级以上地方人民政府或者环境保护主管部门报告。环境保护主管部门接到报告后，应当及时向本级人民政府报告，并抄送有关部门。

（二）渔业污染事故由渔业主管部门监管

造成渔业污染事故或者渔业船舶造成水污染事故的，应当向事故发生地的渔业主管部门报告，接受调查处理。其他船舶造成水污染事故的，应当向事故发生地的海事管理机构报告，接受调查处理；给渔业造成损害的，海事管理机构应当通知渔业主管部门参与调查处理。

造成渔业污染事故或者渔业船舶造成水污染事故的，由渔业主管部门进行处罚；其他船舶造成水污染事故的，由海事管理机构进行处罚。

以案释法 26

鱼塘水污染责任纠纷案

连某在鹤壁市淇滨区常青有4个鱼塘，其中1号鱼塘为精养鱼塘，面积为7.7亩，养殖鲤鱼、淇河鲫鱼以及花、白鲢。2010年7月4日，连某承包的1号鱼塘发生大批量死鱼，经公安部门技术鉴定，非投毒所致。2010年9月3日，1号鱼塘再次出现大批量死鱼。连某遂委托鹤壁市环境保护监测站对冷泉鱼塘进、出口及被告排口污水进行水样分析。后渔政监督管理站于2011年2月23日制作了《关于冷泉渔场死鱼案件的调查报告》。该报告显示，距离鱼塘养殖约2公里处有一处垃圾填埋场。2010年6月30日和8月30日两次降雨中，该垃圾已填埋区渗滤液通过未填埋区至大坝排出口直接外泄。调查认定鱼死亡系其排出的污染物所致。经鉴定，连某的渔业损失为约16万元。2011年3月9日，渔政监督管理站对垃圾场下达了行政处罚决定书。垃圾场和连某关于水污染赔偿事宜，双方经调解未果，故连某诉至法院，连某请求法院判令被告赔偿其各项损失共计27万元。

该垃圾场认为其是经合法审批手续成立的企业，所有对外排放的物质均经过环保部门确认，对环境不产生不利影响；其公司距离原告的鱼塘直线距离在2公里以上，不可能对原告的鱼塘造成污染；在鱼塘的周边2公里范围内还有其他企业存在，原告方并未排除其他污染源的存在，原告无证据证明被告与其鱼塘污染存在因果关系，故请求法院驳回原告的诉讼请求。

释解

那么，垃圾填埋场是否应承担本案的赔偿责任？

根据法律规定，环境损害赔偿纠纷推行举证责任倒置原则，它突破了“谁主张谁主证”的一般原则，对维护受害人的合法权益和追究侵权人的法律责任，保障法律的公平、公正有着重要的意义。本案中，垃圾填埋场应就法律规定的不承担责任或者减轻责任的情形及其行为与损害之间不存在因果关系承担举证责任。垃圾填埋场虽提出其是经合法审批手续成立的企业，所有对外排放物均经过环保部门确认，不会对环境产生不利影响，不应承担责任。但根据渔政监督管理站的调查报告，被告在已填埋区和未填埋区未有临时性土坝隔离设施，不符合省城乡规划设计研究院对被告作业区雨污分流的规定，同时该部门亦认定被告未经有关部门验收，主体工程即投入使用，故被告的抗辩理由不能成立。垃圾场无证据证明在原告发生鱼死亡这一事件时，具有法律规定的免责事由及其行为与损害结果之间不存在因果关系，依法应对原告的损失承担赔偿责任。

第三节　水生野生动物保护

1993年10月5日，农业部经国务院批准，根据野生动物保护法发布了一项关于保护水生野生动物的行政法规，即水生野生动物保护实施条例，其内容主要包括水生野生动物的保护、水生野生动的管理及奖励与惩罚制度，并分别于2011年、2013年进行了两次修订。

一、概述

水生野生动物，是指珍贵、濒危的水生野生动物；所称水生野生动物产品，是指珍贵、濒危的水生野生动物的任何部分及其衍生物。

（一）监管机构

国务院渔业行政主管部门主管全国水生野生动物管理工作。县级以上地方人民政府渔业行政主管部门主管本行政区域内水生野生动物管理工作。县级以上各级人民政府渔业行政主管部门和工商行政管理部门，应当对水生野生动物或者其产品的经营利用建立监督检查制度，加强对经营利用水生野生动物或者其产品的监督管理。对进入集贸市场的水生野生动物或者其产品，由工商行政管理部门进行监督管理，渔业行政主管部门给予协助；在集贸市场以外经营水生野生动物或者其产品，由渔业行政主管部门、工商行政管理部门或者其授权的单位进行监督管理。

（二）监管职权

1. 保护权

渔业行政主管部门应当组织社会各方面力量，采取有效措施，维护和改善水生野生动物的生存环境，保护和增殖水生野生动物资源。

2. 监管权

禁止任何单位和个人破坏国家重点保护的和地方重点保护的水生野生动物生息繁衍的水域、场所和生存条件。

任何单位和个人对侵占或者破坏水生野生动物资源的行为，有权向当地渔业行政主管部门或者其所属的渔政监督管理机构检举和控告。

3. 处罚权

渔业行政主管部门及其所属的渔政监督管理机构，有权对野生动物保护法和水生野生动物保护实施条例的实施情况进行监督检查，被检查的单位和个人应当给予配合。

二、水生野生动物管理

（一）特许捕捉证

禁止捕捉、杀害国家重点保护的水生野生动物。有下列情形之一，确需捕捉国家重点保护的水生野生动物的，必须申请特许捕捉证：为进行水生野生动物科学考察、资源调查，必须捕捉的；为驯养繁殖国家重点保护的水生野生动物，必须从自然水域或者场所获取种源的；为承担省级以上科学研究项目或者国家医药生产任务，必须从自然水域或者场所获取国家重点保护的水生野生动物的；为宣传、普及水生野生动物知识或者教学、展览的需要，必须从自然水域或者场所获取国家重点保护的水生野生动物的；因其他特殊情况，必须捕捉的。

（二）不予发放特许捕捉证的情形

第一，申请人有条件以合法的非捕捉方式获得国家重点保护的水生野生动物的种源、产品或者达到其目的的。

第二，捕捉申请不符合国家有关规定，或者申请使用的捕捉工具、方法以及捕捉时间、地点不当的。

第三，根据水生野生动物资源现状不宜捕捉的。

（三）申办程序

申请特许捕捉证的程序：第一，需要捕捉国家一级保护水生野生动物的，必须附具申请人所在地和捕捉地的省、自治区、直辖市人民政府渔业行政主管部门签署的意见，向国务院渔业行政主管部门申请特许捕捉证；第二，需要在本省、自治区、直辖市捕捉国家二级保护水生野生动物的，必须附具申请人所在地的县级人民政府渔业行政主管部门签署的意见，向省、自治区、直辖市人民政府渔业行政主管部门申请特许捕捉证；第三，需要跨省、自治区、直辖市捕捉国家二级保护水生野生动物的，必须附具申请人所在地的省、自治区、直辖市人民政府渔业行政主管部门签署的意见，向捕捉地的省、自治区、直辖市人民政府渔业行政主管部门申请特许捕捉证；第四，动物园申请捕捉国家一级保护水生野生动物的，在向国务院渔业行政主管部门申请特许捕捉证前，须经国务院建设行政主管部门审核同意；申请捕捉国家二级保护水生野生动物的，在向申请人所在地的省、自治区、直辖市人民政府渔业行政主管部门申请特许捕捉证前，须经同级人民政府建设行政主管部门审核同意。

三、驯养繁殖许可证

驯养繁殖国家一级保护水生野生动物的，应当持有国务院渔业行政主管部门核发的驯养繁殖许可证；驯养繁殖国家二级保护水生野生动物的，应当持有省、自治区、直辖市人民政府渔业行政主管部门核发的驯养繁殖许可证。

动物园驯养繁殖国家重点保护的水生野生动物的，渔业行政主管部门可以委托同级建设行政主管部门核发驯养繁殖许可证。

四、法律强制性规定

（一）禁止出售、收购国家重点保护的水生野生动物或者其产品

因科学研究、驯养繁殖、展览等特殊情况，需要出售、收购、利用国家一级保护水生野生动物或者其产品的，必须向省、自治区、直辖市人民政府渔业行政主管部门提出申请，经其签署意见后，报国务院渔业行政主管部门批准；需要出售、收购、利用国家二级保护水生野生动物或者其产品的，必须向省、自治区、直辖市人民政府渔业行政主管部门提出申请，并经其批准。

（二）没有合法运输证不得承运、收寄

交通、铁路、民航和邮政企业对没有合法运输证明的水生野生动物或者其产品，应当及时通知有关主管部门处理，不得承运、收寄。

（三）从国外引进水生野生动物应申请批准

从国外引进水生野生动物的，应当向省、自治区、直辖市人民政府渔业行政主管部门提出申请，经省级以上人民政府渔业行政主管部门指定的科研机构进行科学

论证后，报国务院渔业行政主管部门批准。

（四）出口水生野生动物或产品应审核批准

出口国家重点保护的水生野生动物或者其产品的，进出口中国参加的国际公约所限制进出口的水生野生动物或者其产品的，必须经进出口单位或者个人所在地的省、自治区、直辖市人民政府渔业行政主管部门审核，报国务院渔业行政主管部门批准；属于贸易性进出口活动的，必须由具有有关商品进出口权的单位承担。

动物园因交换动物需要进出口前款所称水生野生动物的，在国务院渔业行政主管部门批准前，应当经国务院建设行政主管部门审核同意。

五、法律责任

（一）非法捕杀国家重点保护的水生野生动物

非法捕杀国家重点保护的水生野生动物的，情节严重的依照刑法第三百四十一条规定，以非法猎捕、杀害珍贵、濒危野生动物罪论处。情节显著轻微危害不大的，或者犯罪情节轻微不需要判处刑罚的，由渔业行政主管部门没收捕获物、捕捉工具和违法所得，吊销特许捕捉证，并处罚款。

（二）破坏水生野生动物主要生息繁衍场所

违反野生动物保护法律、法规，在水生野生动物自然保护区破坏国家重点保护的或者地方重点保护的水生野生动物主要生息繁衍场所，依照野生动物保护決第三十四条的规定处以罚款。

（三）违法经营水生野生动物或者其产品

违反野生动物保护法律、法规，出售、收购、运输、携带国家重点保护的或者地方重点保护的水生野生动物或者其产品的，由工商行政管理部门或者其授权的渔业行政主管部门没收实物和违法所得，可以并处罚款。

（四）违反驯养繁殖许可证管理

伪造、倒卖、转让驯养繁殖许可证，依照野生动物保护法第三十七条的规定处以罚款。伪造、倒卖、转让特许捕捉证或者允许进出口证明书，依照野生动物保护法第三十七条的规定处以罚款。

违反野生动物保护法规，未取得驯养繁殖许可证或者超越驯养繁殖许可证规定范围，驯养繁殖国家重点保护的水生野生动物的，由渔业行政主管部门没收违法所得，并处罚款，可以并处没收水生野生动物、吊销驯养繁殖许可证。

（五）其他法律责任

外国人未经批准在中国境内对国家重点保护的水生野生动物进行科学考察、标本采集、拍摄电影、录像的，由渔业行政主管部门没收考察、拍摄的资料以及所获标本，可以并处5万元以下的罚款。

有下列行为之一，尚不构成犯罪，应当给予治安管理处罚的，由公安机关依照治安管理处罚法的规定予以处罚：拒绝、阻碍渔政检查人员依法执行职务的；偷窃、哄抢或者故意损坏野生动物保护仪器设备或者设施的。

以案释法 27

非法运输红珊瑚刑事案

红珊瑚数量稀少且生长速度极为缓慢，不可再生，于1988年被中国列入国家一级保护动物，2008年进入《濒危野生动植物国际贸易公约》附录。但是，许多盗捕者为了追求经济利益，依旧疯狂盗捕红珊瑚。

2014年7月3日，陈某、何某等人雇杨某的出租车从霞浦县三沙高速公路口至浙江省苍南县南宋镇，将事先藏匿在一房屋内的两纸箱红珊瑚取回，准备运往霞浦县出售，途经福鼎市前岐公安检查站时被查获。

经鉴定，该红珊瑚系珊瑚虫纲柳珊瑚目红珊瑚科红珊瑚，属国家一级保护水生野生动物，共重7035克，总价值2814000元。

释解

红珊瑚是中国确定的国家一级重点保护野生水生动物，属《关于审理破坏野生动物资源刑事案件具体应用法律若干问题的解释》第一条规定的珍贵、濒危野生动物。根据野生动物保护法第二十三条的规定，运输、携带国家重点保护野生动物或者其产品出县境的，需经省、自治区、直辖市政府野生动物行政主管部门或者其授权的单位批准，以及水生野生动物保护实施条例第二十条规定，运输、携带国家重点保护的水生野生动物或者其产品出县境的，应当凭特许捕捉证或者驯养繁殖许可证，向县级人民政府渔业行政主管部门提出申请，报省、自治区、直辖市人民政府渔业行政主管部门或者其授权的单位批准。动物园之间因繁殖动物，需要运输国家重点保护的水生野生动物的，可以由省、自治区、直辖市人民政府渔业行政主管部门授权同级建设行政主管部门审批。

陈某、何某未经批准，共同跨省运输红珊瑚，属非法运输行为，其二人行为构成非法运输珍贵、濒危野生动物共同犯罪。法院以非法运输珍贵、濒危野生动物罪判处陈某和何某有期徒刑4年，均并处罚金10万元人民币；并将扣押在案的红珊瑚7035克予以没收，上缴国库。

第九章

兽医兽药管理

导读

2004年7月，经中央编委批准，农业部兽医局正式成立，依法履行国家兽医行政管理职责。兽医局内设综合处、医政处、防疫处、检疫监督处、药政药械处等五个职能机构，组织拟订兽医及兽药、兽医医疗器械行业发展战略、规划和计划，起草兽医、兽药管理和动物检疫有关法律、法规、规章，拟定有关政策，并组织实施。目前规范管理的法律主要有《动物防疫法》《兽药管理条例》以及《执业兽医管理办法》等相关法律法规。

第一节　兽医医政

为了规范执业兽医执业行为，提高执业兽医业务素质和职业道德水平，保障执业兽医合法权益，保护动物健康和公共卫生安全，根据动物防疫法，2008年11月26日，农业部令第18号公布执业兽医管理办法，并于2013年作了修订。

一、概述

（一）执业兽医

执业兽医，包括执业兽医师和执业助理兽医师。

执业兽医应当具备良好的职业道德，按照有关动物防疫、动物诊疗和兽药管理等法律、行政法规和技术规范的要求，依法执业。执业兽医应当定期参加兽医专业知识和相关政策法规教育培训，不断提高业务素质。

执业兽医依法履行职责，其权益受法律保护。

（二）兽医管理

农业部主管全国执业兽医管理工作；县级以上地方人民政府兽医主管部门主管本行政区域内的执业兽医管理工作，县级以上地方人民政府设立的动物卫生监督机构负责执业兽医的监督执法工作。

二、兽医执业

（一）执业兽医资格考试制度

1. 国家实行执业兽医资格考试制度

国家实行执业兽医资格考试制度。执业兽医资格考试由农业部组织，全国统一大纲、统一命题、统一考试。

具有兽医、畜牧兽医、中兽医（民族兽医）或者水产养殖专业大学专科以上学历的人员，可以参加执业兽医资格考试。

2. 执业兽医师资格证书

执业兽医资格考试成绩符合执业兽医师标准的，取得执业兽医师资格证书；符合执业助理兽医师资格标准的，取得执业助理兽医师资格证书。

执业兽医师资格证书和执业助理兽医师资格证书由省、自治区、直辖市人民政府兽医主管部门颁发。执业兽医师资格证书，取得的例外情形：（1）执业兽医管理办法施行前，不具有大学专科以上学历，但已取得兽医师以上专业技术职称，经县级以上地方人民政府兽医主管部门考核合格的，可以参加执业兽医资格考试；（2）执业兽医管理办法施行前，具有兽医、水产养殖本科以上学历，从事兽医临床教学或者动物诊疗活动，并取得高级兽医师、水产养殖高级工程师以上专业技术职称或者具有同等专业技术职称，经省、自治区、直辖市人民政府兽医主管部门考核合格，报农业部审核批准后颁发执业兽医师资格证书。

动物饲养场（养殖小区）、实验动物饲育单位、兽药生产企业、动物园等单位聘用的取得执业兽医师资格证书和执业助理兽医师资格证书的兽医人员，可以凭聘用合同申请兽医执业注册或者备案，但不得对外开展兽医执业活动。

（二）执业活动管理

1. 执业兽医师或执业助理兽医师管理规范

（1）执业兽医不得同时在两个或者两个以上动物诊疗机构执业，但动物诊疗机构间的会诊、支援、应邀出诊、急救除外。

（2）执业兽医师可以从事动物疾病的预防、诊断、治疗和开具处方、填写诊断书、出具有关证明文件等活动。执业助理兽医师在执业兽医师指导下协助开展兽医执业活动，但不得开具处方、填写诊断书、出具有关证明文件。

（3）经注册和备案专门从事水生动物疫病诊疗的执业兽医师和执业助理兽医师，不得从事其他动物疫病诊疗。

（4）执业兽医师应当使用规范的处方笺、病历册，并在处方笺、病历册上签名。未经亲自诊断、治疗，不得开具处方药、填写诊断书、出具有关证明文件。执业兽医师不得伪造诊断结果，出具虚假证明文件。

（5）执业兽医在动物诊疗活动中发现动物患有或者疑似患有国家规定应当扑杀的疫病时，不得擅自进行治疗。

（6）执业兽医应当按照国家有关规定合理用药，不得使用假劣兽药和农业部规定禁止使用的药品及其他化合物。

（7）执业兽医师发现可能与兽药使用有关的严重不良反应的，应当立即向所在地人民政府兽医主管部门报告。

（8）执业兽医应当按照当地人民政府或者兽医主管部门的要求，参加预防、控制和扑灭动物疫病活动，其所在单位不得阻碍、拒绝。

（9）执业兽医应当于每年3月底前将上年度兽医执业活动情况向注册机关报告。

2. 收回、注销兽

执业兽医有下列情形之一的，原注册机关应当收回、注销兽医师执业证书或者助理兽医师执业证书：（1）死亡或者被宣告失踪的；（2）中止兽医执业活动满2年的；（3）被吊销兽医师执业证书或者助理兽医师执业证书的；（4）连续2年没有将兽医执业活动情况向注册机关报告，且拒不改正的；（5）出让、出租、出借兽医师执业证书或者助理兽医师执业证书的。

三、法律责任

（一）违反兽医执业证书管理

执业兽医有下列情形之一的，由动物卫生监督机构按照动物防疫法第八十二条第一款的规定予以处罚；情节严重的，并报原注册机关收回、注销兽医师执业证书或者助理兽医师执业证书：超出注册机关核定的执业范围从事动物诊疗活动的；变更受聘的动物诊疗机构未重新办理注册或者备案的。

（二）违法使用执业证书

使用伪造、变造、受让、租用、借用的兽医师执业证书或者助理兽医师执业证书的，动物卫生监督机构应当依法收缴，并按照动物防疫法的规定予以处罚。

（三）违反执业规范

执业兽医师在动物诊疗活动中有下列情形之一的，由动物卫生监督机构给予警告，责令限期改正；拒不改正或者再次出现同类违法行为的，处1000元以下罚款：不使用病历，或者应当开具处方未开具处方的；使用不规范的处方笺、病历册，或者未在处方笺、病历册上签名的；未经亲自诊断、治疗，开具处方药、填写诊断书、出具有关证明文件的；伪造诊断结果，出具虚假证明文件的。

（四）违法使用兽药

执业兽医在动物诊疗活动中，违法使用兽药的，依照有关法律、行政法规的规定予以处罚。

（五）监管失职

注册机关及动物卫生监督机构不依法履行审查和监督管理职责，玩忽职守、滥用职权或者徇私舞弊的，对直接负责的主管人员和其他直接责任人员，依照有关规定给予处分；构成犯罪的，依法追究刑事责任。

以案释法 28

不具备执业资格兽医违法从业损害赔偿纠纷

张某系山羊养殖户，李某系车村镇孙店村个体兽药经营商户，未取得执业兽医资格，也未按照《乡村兽医管理办法》向兽医主管部门申领乡村兽医登记证。2012年5月4日，张某为使饲养的山羊肥育，让李某对自己的23只山羊实施阉割手术，双方商定阉割不收费，作为补偿阉割后的羊睾丸归被告所有。当日被告为原告23只山羊进行了阉割，由于被告不具有阉割技术，在阉割时方法不当造成被阉割山羊刀口严重感染，尽管原告全力救治，但还是有16只羊先后死亡，给原告造成近2万元的经济损失，现请求法院判令被告赔偿原告损失12408元，并承担本案的诉讼费用。

释解

有关动物防疫、动物诊疗和兽药管理需按照国家法律法规规定由专业机构、专业人员严格按照操作规范进行。动物防疫法第五十五条规定，经注册的执业兽医，方可从事动物诊疗、开具兽药处方等活动。农业部执业兽医管理办法第十四条规定，取得执业兽医师资格证书，从事动物诊疗活动的，应当向注册机关申请兽医执业注册。本案中，被告李某未按规定依法取得执业兽医资格，也未按照执业兽医管理办法、乡村兽医管理办法向主管部门申领执业证照，就对原告山羊实施绝育阉割手术，违法兽医执业管理规范。李某在实施山羊阉割术过程中未能采取有效防止伤口感染发炎的措施，给李某造成经济损失，故应当承担相应的赔偿责任。

第二节　动物防疫

为了加强对动物防疫活动的管理，预防、控制和扑灭动物疫病，促进养殖业发展，保护人体健康，维护公共卫生安全。1997年7月3日，八届全国人大常委员会二十六次会议通过动物防疫法，并于2007年进行修订，2013年、2015年进行了两次修正。

一、概述

（一）相关概念

1. 动物、动物产品、动物疫病、动物防疫

动物，是指家畜家禽和人工饲养、合法捕获的其他动物。

动物产品，是指动物的肉、生皮、原毛、绒、脏器、脂、血液、精液、卵、胚胎、骨、蹄、头、角、筋以及可能传播动物疫病的奶、蛋等。

动物疫病，是指动物传染病、寄生虫病。

动物防疫，是指动物疫病的预防、控制、扑灭和动物、动物产品的检疫。

2. 疫病分类

根据动物疫病对养殖业生产和人体健康的危害程度，动物防疫法规定管理的动物疫病分为下列三类：一类疫病，是指对人与动物危害严重，需要采取紧急、严厉的强制预防、控制、扑灭等措施的；二类疫病，是指可能造成重大经济损失，需要采取严格控制、扑灭等措施，防止扩散的；三类疫病，是指常见多发、可能造成重大经济损失，需要控制和净化的。

这三类动物疫病具体病种名录由国务院兽医主管部门制定并公布。

（二）监管机构

1. 兽医局主管防疫工作

国务院兽医主管部门主管全国的动物防疫工作。县级以上地方人民政府兽医主管部门主管本行政区域内的动物防疫工作。县级以上人民政府其他部门在各自的职责范围内做好动物防疫工作。

军队和武装警察部队动物卫生监督职能部门分别负责军队和武装警察部队现役动物及饲养自用动物的防疫工作。

2. 卫生局负责检疫工作

县级以上地方人民政府设立的动物卫生监督机构依照规定，负责动物、动物产品的检疫工作和其他有关动物防疫的监督管理执法工作。

3. 政府部门宏观管理

县级以上人民政府按照国务院的规定，根据统筹规划、合理布局、综合设置的原则建立动物疫病预防控制机构，承担动物疫病的监测、检测、诊断、流行病学调查、疫情报告以及其他预防、控制等技术工作。

（三）适用范围

动物防疫法适用于在我国领域内的动物防疫及其监督管理活动。进出境动物、

动物产品的检疫，适用进出境动植物检疫法。

二、动物疫病预防和控制

（一）强制免疫

国家对严重危害养殖业生产和人体健康的动物疫病实施强制免疫。国务院兽医主管部门确定强制免疫的动物疫病病种和区域，并会同国务院有关部门制定国家动物疫病强制免疫计划。

省、自治区、直辖市人民政府兽医主管部门根据国家动物疫病强制免疫计划，制订本行政区域的强制免疫计划；并可以根据本行政区域内动物疫病流行情况增加实施强制免疫的动物疫病病种和区域，报本级人民政府批准后执行，并报国务院兽医主管部门备案。

县级以上地方人民政府兽医主管部门组织实施动物疫病强制免疫计划。乡级人民政府、城市街道办事处应当组织本管辖区域内饲养动物的单位和个人做好强制免疫工作。

饲养动物的单位和个人应当依法履行动物疫病强制免疫义务，按照兽医主管部门的要求做好强制免疫工作。

经强制免疫的动物，应当按照国务院兽医主管部门的规定建立免疫档案，加施畜禽标识，实施可追溯管理。

（二）疫情监测

县级以上人民政府应当建立健全动物疫情监测网络，加强动物疫情监测。

动物疫病预防控制机构应当按照国务院兽医主管部门的规定，对动物疫病的发生、流行等情况进行监测；从事动物饲养、屠宰、经营、隔离、运输以及动物产品生产、经营、加工、贮藏等活动的单位和个人不得拒绝或者阻碍。

国务院兽医主管部门和省、自治区、直辖市人民政府兽医主管部门应当根据对动物疫病发生、流行趋势的预测，及时发出动物疫情预警。地方各级人民政府接到动物疫情预警后，应当采取相应的预防、控制措施。

（三）疫情通报

1. 报告、上报

从事动物疫情监测、检验检疫、疫病研究与诊疗以及动物饲养、屠宰、经营、隔离、运输等活动的单位和个人，发现动物染疫或者疑似染疫的，应当立即向当地兽医主管部门、动物卫生监督机构或者动物疫病预防控制机构报告，并采取隔离等控制措施，防止动物疫情扩散。其他单位和个人发现动物染疫或者疑似染疫的，应当及时报告。

接到动物疫情报告的单位，应当及时采取必要的控制处理措施，并按照国家规定的程序上报。

2. 认定

动物疫情由县级以上人民政府兽医主管部门认定；其中重大动物疫情由省、自治区、直辖市人民政府兽医主管部门认定，必要时报国务院兽医主管部门认定。

3. 通报

国务院兽医主管部门应当及时向国务院有关部门和军队有关部门以及省、自治区、直辖市人民政府兽医主管部门通报重大动物疫情的发生和处理情况；发生人畜共患传染病的，县级以上人民政府兽医主管部门与同级卫生主管部门应当及时相互通报。

国务院兽医主管部门应当依照我国缔结或者参加的条约、协定，及时向有关国际组织或者贸易方通报重大动物疫情的发生和处理情况。

4. 发布

国务院兽医主管部门负责向社会及时公布全国动物疫情，也可以根据需要授权省、自治区、直辖市人民政府兽医主管部门公布本行政区域内的动物疫情。其他单位和个人不得发布动物疫情。

任何单位和个人不得瞒报、谎报、迟报、漏报动物疫情，不得授意他人瞒报、谎报、迟报动物疫情，不得阻碍他人报告动物疫情。

（四）疫病预防

1. 动物集中地区防疫条件

动物饲养场（养殖小区）和隔离场所，动物屠宰加工场所，以及动物和动物产品无害化处理场所，应当符合下列动物防疫条件：（1）场所的位置与居民生活区、生活饮用水源地、学校、医院等公共场所的距离符合国务院兽医主管部门规定的标准；（2）生产区封闭隔离，工程设计和工艺流程符合动物防疫要求；（3）有相应的污水、污物、病死动物、染疫动物产品的无害化处理设施设备和清洗消毒设施设备；（4）有为其服务的动物防疫技术人员；（5）有完善的动物防疫制度；（6）具备国务院兽医主管部门规定的其他动物防疫条件。

兴办动物饲养场（养殖小区）和隔离场所，动物屠宰加工场所，以及动物和动物产品无害化处理场所，应当向县级以上地方人民政府兽医主管部门提出申请，并附具相关材料。

经营动物、动物产品的集贸市场应当具备国务院兽医主管部门规定的动物防疫条件，并接受动物卫生监督机构的监督检查。

2. 从事动物经营活动的疫病预防

（1）从事动物饲养、屠宰、经营、隔离、运输以及动物产品生产、经营、加工、贮藏等活动的单位和个人，应当依照本法和国务院兽医主管部门的规定，做好免疫、消毒等动物疫病预防工作。

（2）种用、乳用动物应当接受动物疫病预防控制机构的定期检测；检测不合格的，应当按照国务院兽医主管部门的规定予以处理。

（3）动物、动物产品的运载工具、垫料、包装物、容器等应当符合国务院兽医主管部门规定的动物防疫要求。

（4）染疫动物及其排泄物、染疫动物产品，病死或者死因不明的动物尸体，运载工具中的动物排泄物以及垫料、包装物、容器等污染物，应当按照国务院兽医主管部门的规定处理，不得随意处置。

3. 其他疫病预防

采集、保存、运输动物病料或者病原微生物以及从事病原微生物研究、教学、检测、诊断等活动，应当遵守国家有关病原微生物实验室管理的规定。

患有人畜共患传染病的人员不得直接从事动物诊疗以及易感染动物的饲养、屠宰、经营、隔离、运输等活动。

4. 禁止经营疫病动物产品

禁止屠宰、经营、运输下列动物和生产、经营、加工、贮藏、运输下列动物产品：（1）封锁疫区内与所发生动物疫病有关的；（2）疫区内易感染的；（3）依法应当检疫而未经检疫或者检疫不合格的；（4）染疫或者疑似染疫的；（5）病死或者死因不明的；（6）其他不符合国务院兽医主管部门有关动物防疫规定的。

三、动物疫病扑灭

（一）发生一类动物疫病时，应当采取下列控制和扑灭措施

当地县级以上地方人民政府兽医主管部门应当立即派人到现场，划定疫点、疫区、受威胁区，调查疫源，及时报请本级人民政府对疫区实行封锁。疫区范围涉及两个以上行政区域的，由有关行政区域共同的上一级人民政府对疫区实行封锁，或者由各有关行政区域的上一级人民政府共同对疫区实行封锁。必要时，上级人民政府可以责成下级人民政府对疫区实行封锁。

县级以上地方人民政府应当立即组织有关部门和单位采取封锁、隔离、扑杀、销毁、消毒、无害化处理、紧急免疫接种等强制性措施，迅速扑灭疫病。

在封锁期间，禁止染疫、疑似染疫和易感染的动物、动物产品流出疫区，禁止非疫区的易感染动物进入疫区，并根据扑灭动物疫病的需要对出入疫区的人员、运输工具及有关物品采取消毒和其他限制性措施。

（二）发生二类动物疫病时，应当采取下列控制和扑灭措施

当地县级以上地方人民政府兽医主管部门应当划定疫点、疫区、受威胁区。

县级以上地方人民政府根据需要组织有关部门和单位采取隔离、扑杀、销毁、消毒、无害化处理、紧急免疫接种、限制易感染的动物和动物产品及有关物品出入等控制、扑灭措施。

（三）扑灭措施监管

发生三类动物疫病时，当地县级、乡级人民政府应当按照国务院兽医主管部门的规定组织防治和净化。疫点、疫区、受威胁区的撤销和疫区封锁的解除，按照国务院兽医主管部门规定的标准和程序评估后，由原决定机关决定并宣布。

为控制、扑灭动物疫病，动物卫生监督机构应当派人在当地依法设立的现有检查站执行监督检查任务；必要时，经省、自治区、直辖市人民政府批准，可以设立临时性的动物卫生监督检查站，执行监督检查任务。

疫区内有关单位和个人，应当遵守县级以上人民政府及其兽医主管部门依法作出的有关控制、扑灭动物疫病的规定。

任何单位和个人不得藏匿、转移、盗掘已被依法隔离、封存、处理的动物和动物产品。

四、动物和动物产品的检疫

动物卫生监督机构依照本法和国务院兽医主管部门的规定对动物、动物产品实施检疫。

（一）申报检疫

屠宰、出售或者运输动物以及出售或者运输动物产品前，货主应当按照国务院兽医主管部门的规定向当地动物卫生监督机构申报检疫。

（二）出具检疫证明、检疫标志

动物卫生监督机构接到检疫申报后，应当及时指派官方兽医对动物、动物产品实施现场检疫；检疫合格的，出具检疫证明、加施检疫标志。实施现场检疫的官方兽医应当在检疫证明、检疫标志上签字或者盖章，并对检疫结论负责。

屠宰、经营、运输以及参加展览、演出和比赛的动物，应当附有检疫证明；经营和运输的动物产品，应当附有检疫证明、检疫标志。

（三）没有检疫证明的，不得承运

经铁路、公路、水路、航空运输动物和动物产品的，托运人托运时应当提供检疫证明；没有检疫证明的，承运人不得承运。

运载工具在装载前和卸载后应当及时清洗、消毒。

（四）跨省审批

跨省、自治区、直辖市引进乳用动物、种用动物及其精液、胚胎、种蛋的，应当向输入地省、自治区、直辖市动物卫生监督机构申请办理审批手续，并依照本法第四十二条的规定取得检疫证明。

跨省、自治区、直辖市引进的乳用动物、种用动物到达输入地后，货主应当按照国务院兽医主管部门的规定对引进的乳用动物、种用动物进行隔离观察。

五、法律责任

（一）监管失职

1. 兽医主管部门以及工作人员

县级以上人民政府兽医主管部门及其工作人员违反规定，有下列行为之一的，由本级人民政府责令改正，通报批评；对直接负责的主管人员和其他直接责任人员依法给予处分：（1）未及时采取预防、控制、扑灭等措施的；（2）对不符合条件的颁发动物防疫条件合格证、动物诊疗许可证，或者对符合条件的拒不颁发动物防疫条件合格证、动物诊疗许可证的；（3）其他未依照本法规定履行职责的行为。

2. 动物卫生监督机构及其工作人员

动物卫生监督机构及其工作人员违反规定，有下列行为之一的，由本级人民政府或者兽医主管部门责令改正，通报批评；对直接负责的主管人员和其他直接责任人员依法给予处分：（1）对未经现场检疫或者检疫不合格的动物、动物产品出具检疫证明、加施检疫标志，或者对检疫合格的动物、动物产品拒不出具检疫证明、加施检疫标志的；（2）对附有检疫证明、检疫标志的动物、动物产品重复检疫的；（3）从事与动物防疫有关的经营性活动，或者在国务院财政部门、物价主管部门规定外加收费用、重复收费的；（4）其他未依照本法规定履行职责的行为。

3. 动物疫病预防控制机构及其工作人员

动物疫病预防控制机构及其工作人员违反规定，有下列行为之一的，由本级人民政府或者兽医主管部门责令改正，通报批评；对直接负责的主管人员和其他直接责任人员依法给予处分：（1）未履行动物疫病监测、检测职责或者伪造监测、检测结果的；（2）发生动物疫情时未及时进行诊断、调查的；（3）其他未依照本法规定履行职责的行为。

4. 地方各级人民政府、有关部门及其工作人员

地方各级人民政府、有关部门及其工作人员瞒报、谎报、迟报、漏报或者授意他人瞒报、谎报、迟报动物疫情，或者阻碍他人报告动物疫情的，由上级人民政府或者有关部门责令改正，通报批评；对直接负责的主管人员和其他直接责任人员依法给予处分。

（二）违反疫病预防控制管理

1. 不采取预防措施

有下列行为之一的，由动物卫生监督机构责令改正，给予警告；拒不改正的，由动物卫生监督机构代作处理，所需处理费用由违法行为人承担，可以处一千元以下罚款：（1）对饲养的动物不按照动物疫病强制免疫计划进行免疫接种的；（2）种用、乳用动物未经检测或者经检测不合格而不按照规定处理的；（3）动物、动物产品的

运载工具在装载前和卸载后没有及时清洗、消毒的。

2. 不进行无害化处理

不按照国务院兽医主管部门规定处置染疫动物及其排泄物，染疫动物产品，病死或者死因不明的动物尸体，运载工具中的动物排泄物以及垫料、包装物、容器等污染物以及其他经检疫不合格的动物、动物产品的，由动物卫生监督机构责令无害化处理，所需处理费用由违法行为人承担，可以处三千元以下罚款。

3. 违法经营高危染疫动物产品

屠宰、经营、运输动物或者生产、经营、加工、贮藏、运输动物产品的，由动物卫生监督机构责令改正、采取补救措施，没收违法所得和动物、动物产品，并处同类检疫合格动物、动物产品货值金额一倍以上五倍以下罚款。

4. 违反许可管理

有下列行为之一的，由动物卫生监督机构责令改正，并处罚款：(1) 兴办动物饲养场（养殖小区）和隔离场所，动物屠宰加工场所，以及动物和动物产品无害化处理场所，未取得动物防疫条件合格证的；(2) 未办理审批手续，跨省、自治区、直辖市引进乳用动物、种用动物及其精液、胚胎、种蛋的；(3) 未经检疫，向无规定动物疫病区输入动物、动物产品的。

5. 其他违反疫病预防控制管理

有下列行为之一的，由动物卫生监督机构责令改正，并处罚款：(1) 不遵守县级以上人民政府及其兽医主管部门依法作出的有关控制、扑灭动物疫病规定的；(2) 藏匿、转移、盗掘已被依法隔离、封存、处理的动物和动物产品的；(3) 发布动物疫情的。

（三）违反检疫证明管理

1. 未附有检疫证明

屠宰、经营、运输的动物未附有检疫证明，经营和运输的动物产品未附有检疫证明、检疫标志的，由动物卫生监督机构责令改正，处同类检疫合格动物、动物产品货值金额百分之十以上百分之五十以下罚款；对货主以外的承运人处运输费用一倍以上三倍以下罚款。

参加展览、演出和比赛的动物未附有检疫证明的，由动物卫生监督机构责令改正，处一千元以上三千元以下罚款。

2. 转让、伪造或者变造检疫证明

转让、伪造或者变造检疫证明、检疫标志或者畜禽标识的，由动物卫生监督机构没收违法所得，收缴检疫证明、检疫标志或者畜禽标识，并处三千元以上三万元以下罚款。

（四）违反诊疗活动管理

1. 未取得动物诊疗许可证

未取得动物诊疗许可证从事动物诊疗活动的，由动物卫生监督机构责令停止诊疗活动，没收违法所得；违法所得在三万元以上的，并处违法所得一倍以上三倍以下罚款；没有违法所得或者违法所得不足三万元的，并处三千元以上三万元以下罚款。

2. 违反规定，造成动物疫病扩散

动物诊疗机构违反规定，造成动物疫病扩散的，由动物卫生监督机构责令改正，处一万元以上五万元以下罚款；情节严重的，由发证机关吊销动物诊疗许可证。

3. 未经兽医执业注册

未经兽医执业注册从事动物诊疗活动的，由动物卫生监督机构责令停止动物诊疗活动，没收违法所得，并处一千元以上一万元以下罚款。

4. 兽医违法执业

执业兽医有下列行为之一的，由动物卫生监督机构给予警告，责令暂停六个月以上一年以下动物诊疗活动；情节严重的，由发证机关吊销注册证书：（1）违反有关动物诊疗的操作技术规范，造成或者可能造成动物疫病传播、流行的；（2）使用不符合国家规定的兽药和兽医器械的；（3）不按照当地人民政府或者兽医主管部门要求参加动物疫病预防、控制和扑灭活动的。

以案释法 29

经营仔猪无动物检疫合格证明行政处罚案

2014年3月4日，晴隆县动物卫生监督所接到群众举报，并查实当事人于2014年2月16日从广西玉林市容县罗江镇贩运10头仔猪到兴仁县百德镇木至村饲养，于2014年3月4日从该村运到晴隆县碧痕镇进行贩卖，货值金额4500元，有动物标识，无动物检疫合格证明。

释解

根据动物防疫法第七十八条规定，屠宰、经营、运输的动物未附有检疫证明，经营和运输的动物产品未附有检疫证明、检疫标志的，由动物卫生监督机构责令改正，处同类检疫合格动物、动物产品货值金额百分之十以上百分之五十以下罚款；对货主以外的承运人处运输费用一倍以上三倍以下罚款。

因此，该卫生监督所对该违法行为作出行政处罚：警告，责令停止违法经营行为，并处罚款人民币2250元整。

第三节　兽药管理

为了加强兽药管理，保证兽药质量，防治动物疾病，促进养殖业的发展，维护人体健康。2004年4月9日，以国务院发布《兽药管理条例》，并分别于2014年7月、2016年2月作了修改。

一、概述

（一）兽药、假兽药、劣兽药

1.兽药

兽药，是指用于预防、治疗、诊断动物疾病或者有目的地调节动物生理机能的物质（含药物饲料添加剂），主要包括：血清制品、疫苗、诊断制品、微生态制品、中药材、中成药、化学药品、抗生素、生化药品、放射性药品及外用杀虫剂、消毒剂等。

2.假兽药

以非兽药冒充兽药或者以他种兽药冒充此种兽药的或者兽药所含成分的种类、名称与兽药国家标准不符合的为假兽药。

有下列情形之一的，按照假兽药处理：（1）国务院兽医行政管理部门规定禁止使用的；（2）依照兽药管理条例规定应当经审查批准而未经审查批准即生产、进口的，或者依照《兽药管理条例》规定应当经抽查检验、审查核对而未经抽查检验、审查核对即销售、进口的；（3）变质的；（4）被污染的；（5）所标明的适应症或者功能主治超出规定范围的。

3.劣兽药

有下列情形之一的，为劣兽药：（1）成分含量不符合兽药国家标准或者不标明有效成分的；（2）不标明或者更改有效期或者超过有效期的；（3）不标明或者更改产品批号的；（4）其他不符合兽药国家标准，但不属于假兽药的。

（二）兽药行政监管

国务院兽医行政管理部门负责全国的兽药监督管理工作。

县级以上地方人民政府兽医行政管理部门负责本行政区域内的兽药监督管理工作。

各级兽医行政管理部门、兽药检验机构及其工作人员，不得参与兽药生产、经营活动，不得以其名义推荐或者监制、监销兽药。

（三）国家实行兽药储备制度

国家实行兽药储备制度。发生重大动物疫情、灾情或者其他突发事件时，国务院兽医行政管理部门可以紧急调用国家储备的兽药；必要时，也可以调用国家储备以外的兽药。

二、兽用处方药和非处方药分类管理制度

国家实行兽用处方药和非处方药分类管理制度。兽用处方药和非处方药分类管理的办法和具体实施步骤，由国务院兽医行政管理部门规定。为加强兽药监督管理，促进兽医临床合理用药，保障动物产品安全，根据兽药管理条例，2013年8月1日，农业部出台兽用处方药和非处方药管理办法，自2014年3月1日起施行。国家对兽药实行分类管理，根据兽药的安全性和使用风险程度，将兽药分为兽用处方药和非处方药。

（一）兽用处方药、兽用非处方药

兽用处方药是指凭兽医处方笺方可购买和使用的兽药。

兽用非处方药是指不需要兽医处方笺即可自行购买并按照说明书使用的兽药。兽用处方药目录由农业部制定并公布。兽用处方药目录以外的兽药为兽用非处方药。

兽用处方药凭兽医处方方可买卖，但下列情形除外：进出口兽用处方药的；向动物诊疗机构、科研单位、动物疫病预防控制机构和其他兽药生产企业、经营者销售兽用处方药的：向聘有依照执业兽医管理办法规定注册的专职执业兽医的动物饲养场（养殖小区）、动物园、实验动物饲育场等销售兽用处方药的。

（二）标签和说明

兽用处方药的标签和说明书应当标注“兽用处方药”字样，兽用非处方药的标签和说明书应当标注“兽用非处方药”字样。

前款字样应当在标签和说明书的右上角以宋体红色标注，背景应当为白色，字体大小根据实际需要设定，但必须醒目、清晰。

兽药经营者应当在经营场所显著位置悬挂或者张贴“兽用处方药必须凭兽医处方购买”的提示语。

兽药经营者对兽用处方药、兽用非处方药应当分区或分柜摆放。兽用处方药不得采用开架自选方式销售。

三、新兽药研制管理和安全监测制度

（一）基本条件

研制新兽药，应当具有与研制相适应的场所、仪器设备、专业技术人员、安全管理规范和措施。

（二）安全性评价

研制新兽药，应当进行安全性评价。从事兽药安全性评价的单位应当遵守国务院兽医行政管理部门制定的兽药非临床研究质量管理规范和兽药临床试验质量管理规范。

省级以上人民政府兽医行政管理部门应当对兽药安全性评价单位是否符合兽药非临床研究质量管理规范和兽药临床试验质量管理规范的要求进行监督检查，并公布监督检查结果。

（三）新兽药知识产权保护制度

国家对依法获得注册的、含有新化合物的兽药的申请人提交的其自己所取得且未披露的试验数据和其他数据实施保护。

具体保护措施：

第一，兽药注册机关负有对申请者的数据保密的责任，不得披露依法获得注册的、含有新化合物的兽药申请者提交的其自己所取得且未披露的试验数据和其他数据。

第二，自注册之日起6年内，未经已获得注册的申请者同意，其他申请者不得利用、盗用前者未披露的试验数据，对其他申请人未经已获得注册兽药的申请人同意，使用前款规定的数据申请兽药注册的，兽药注册机关不予注册；但是，其他申请人提交其自己所取得的数据的除外。

第三，因公共利益需要（如发生重大动物疫情或重大动物不良反应事件、重大食品安全事件时），兽药注册机关可以将依法获得注册的、含有新化合物的兽药的申请者提交的其自己所取得且未披露的试验数据和其他数据公开，以生产产品，避免给社会造成更大危害。

第四，兽药注册机关在已采取措施确保该类信息不会被不正当地进行商业使用时，也可以将依法获得注册的、含有新化合物的兽药申请者提交的未披露的试验数据和其他数据予以公开。

（四）新兽药监测期制度

国务院兽医行政管理部门，根据保证动物产品质量安全和人体健康的需要，可以对新兽药设立不超过5年的监测期；在监测期内，不得批准其他企业生产或者进口该新兽药。生产企业应当在监测期内收集该新兽药的疗效、不良反应等资料，并及时报送国务院兽医行政管理部门。

监测期是指一个兽药被批准上市销售后，观察该兽药在扩大范围的临床上使用时产生的疗效的不良反应情况的时期，为正确指导合理用药提供依据。

四、兽药生产管理制度

（一）兽药生产许可证

国家实行兽药生产许可证制度。只有经国务院兽医行政管理部门，审查合格的，发给兽药生产许可证，申请人凭兽药生产许可证办理工商登记手续，才能从事兽药生产。

1. 兽药企业设立条件

设立兽药生产企业，应当符合国家兽药行业发展规划和产业政策，并具备下列条件：（1）与所生产的兽药相适应的兽医学、药学或者相关专业的技术人员；（2）与所生产的兽药相适应的厂房、设施；（3）与所生产的兽药相适应的兽药质量管理和质量检验的机构、人员、仪器设备；（4）符合安全、卫生要求的生产环境；(5)兽药生产质量管理规范规定的其他生产条件。

2. 兽药许可证的内容、有效期

兽药生产许可证应当载明生产范围、生产地点、有效期和法定代表人姓名、住址等事项。兽药生产许可证有效期为5年。有效期届满，需要继续生产兽药的，应当在许可证有效期届满前6个月到原发证机关申请换发兽药生产许可证。

(二)兽药生产记录制度

兽药生产企业应当建立生产记录，生产记录应当完整、准确。兽药生产记录是兽药生产管理的基础性资料。建立完整准确的兽药生产记录，真实地反映兽药生产全过程的实际情况，有利于企业加强对兽药生产质量的控制，也有利于兽医行政管理部门对兽药生产质量实施监督。兽药生产记录的建立，是兽药质量追溯制度建立的一个重要环节。

(三)兽药出厂检验制度

兽药出厂前应当经过质量检验，不符合质量标准的不得出厂。兽药出厂应当附有产品质量合格证。

兽药质量包括兽药的有效性、安全性、稳定性和性能均一性等方面的要求，它是通过一系列相关的技术指标来体现的。是否符合这些指标，只有通过检验才能知道。这就要求兽药生产企业设置的兽药质量检验机构，将本厂生产的兽药与国家规定的质量标准进行比较，从而对兽药做出合格或不合格的判定。只有合格的才可以出厂。

(四)兽用生物制品批签发制度

生产兽用生产制品的生产企业，其生产的每一批产品，都必须向农业部指定的检验机构申报，经该机构对其原始检验记录和报告审查核对或检验合格后，方可销售。没有经农业部指定的检验机构审查核对，或者抽查检验不合格的，不得销售。

对兽用生物制品实施批签发，主要是基于两个方面的考虑：第一，由于兽用生物制品生产所用的原材料、生产工艺和检定方法本身固有的生物易变性和复杂性，必须对其实行一级管理。第二，国际动物卫生组织(OIE)对兽用生物制品的国家管理提出了明确的职责和要求。只有对兽用生物制品(包括进口兽用生物制品)实施批签发管理，才能最大限度地确保兽用生物制品的质量、安全和有效。

五、兽药经营管理制度

(一)兽药经营许可证

符合规定条件的经审查合格的，由县级以上地方人民政府兽医行政管理部门发给兽药经营许可证。

1. 经营兽药的企业应当具备的条件

经营兽药的企业，应当具备下列条件：(1)与所经营的兽药相适应的兽药技术人员；(2)与所经营的兽药相适应的营业场所、设备、仓库设施；(3)与所经营的兽药相适应的质量管理机构或者人员；(4) 兽药经营质量管理规范规定的其他经营条件。

2.经营质量管理规范

兽药经营企业，应当遵守国务院兽医行政管理部门制定的兽药经营质量管理规范。县级以上地方人民政府兽医行政管理部门，应当对兽药经营企业是否符合兽药经营质量管理规范的要求进行监督检查，并公布检查结果。

(二) 进货检查验收制度

兽药经营企业购进兽药，必须建立并执行进货检查验收制度，核对兽药产品与产品标签或者说明书是否符合，与兽医行政管理部门公布的标签、说明书内容是否一致。兽药经营企业购进兽药必须验明兽药产品合格证明。不符合规定要求的不得购进。所购兽药与产品标签或说明书不一致的，不得购进、入库；兽药产品、标签和说明书等与兽医行政管理部门公布内容不一致的，不得购进、入库；经检查验收没有产品质量合格证的，不得购进、入库。

(三) 兽药购销记录

兽药经营企业购销兽药，应当建立购销记录。购销记录应当载明兽药的商品名称、通用名称、剂型、规格、批号、有效期、生产厂商、购销单位、购销数量、购销日期和国务院兽医行政管理部门规定的其他事项。

兽药经营企业建立兽药购销记录，是兽药经营企业必须履行的法定义务。兽药不仅关系动物健康发展，而且也是关于人身安全的特殊商品，对其购销活动须有特殊的管理措施，要求兽药经营企业建立真实、完整的购销记录是其中之一。兽药购销记录必须载明的事项包括：购销兽药的名称，包括商品名称、通用名称，兽药通用名称应按兽药标准的名称记载，不能只记兽药的商品名称；剂型、规格、批号、有效期；生产厂商；购销单位和购销数量；购销日期等。

(四) 兽药保管制度

兽药经营企业，应当建立兽药保管制度，采取必要的冷藏、防冻、防潮、防虫、防鼠等措施，保持所经营兽药的质量。兽药入库、出库，应当执行检查验收制度，并有准确记录。

(五) 兽药不良反应报告制度

国家实行兽药不良反应报告制度。兽药生产企业、经营企业、兽药使用单位和开具处方的兽医人员发现可能与兽药使用有关的严重不良反应，应当立即向所在地人民政府兽医行政管理部门报告。

兽药不良反应包括：所有危及动物健康或生命及饲料报酬明显下降的不良反应；新兽药投产使用后发生的各种不良反应；疑为兽药导致的致畸、致癌、突变反应；各种类型的过敏反应；疑为兽药间相互作用导致的不良反应；因兽药质量或稳定性问题引起的不良反应；其他一切意外的不良反应。

六、兽药进出口管理制度

（一）进口兽药注册证书

境外企业不得在中国直接销售兽药。境外企业在中国销售兽药，应当依法在中国境内设立销售机构或者委托符合条件的中国境内代理机构。向中国出口的兽药，必须经国务院兽医行政管理部门审查合格的，发给进口兽药注册证书，并发布该兽药的质量标准。

1. 申请注册

首次向中国出口的兽药，由出口方驻中国境内的办事机构或者其委托的中国境内代理机构向国务院兽医行政管理部门申请注册，并提交下列资料和物品：（1）生产企业所在国家（地区）兽药管理部门批准生产、销售的证明文件；（2）生产企业所在国家（地区）兽药管理部门颁发的符合兽药生产质量管理规范的证明文件；（3）兽药的制造方法、生产工艺、质量标准、检测方法、药理和毒理试验结果、临床试验报告、稳定性试验报告及其他相关资料；用于食用动物的兽药的休药期、最高残留限量标准、残留检测方法及其制定依据等资料；（4）兽药的标签和说明书样本；（5）兽药的样品、对照品、标准品；（6）环境影响报告和污染防治措施；（7）涉及兽药安全性的其他资料。

2. 有效期

进口兽药注册证书的有效期为5年。有效期届满，需要继续向中国出口兽药的，应当在有效期届满前6个月到原发证机关申请再注册。

（二）禁止进口下列兽药：

禁止进口下列兽药：药效不确定、不良反应大以及可能对养殖业、人体健康造成危害或者存在潜在风险的；来自疫区可能造成疫病在中国境内传播的兽用生物制品；经考查生产条件不符合规定的；国务院兽医行政管理部门禁止生产、经营和使用的。

（三）出口兽药

向中国境外出口兽药，进口方要求提供兽药出口证明文件的，国务院兽医行政管理部门或者企业所在地的省、自治区、直辖市人民政府兽医行政管理部门可以出具出口兽药证明文件。

国内防疫急需的疫苗，国务院兽医行政管理部门可以限制或者禁止出口。

以案释法 30

无兽药经营许可证经营兽药案

2014年11月9日，群众举报陈某在某地从事无兽药经营许可证经营兽药的违法行为，当日县农业局予以立案调查。执法人员分别对3家生猪养殖场、兽药仓库进行调查，制作询问笔录，取得销售票据，证明陈某自2014年7月以来，以北京某科技有限责任公司杭州分公司员工身份，直接售给养殖户兽药44次，销售金额17776.56元。

释解

依据《兽药管理条例》第五十六条第一款之规定，龙游县农业局于2004年12月17日责令当事人停止无兽药经营许可证经营兽药，没收违法所得17776.56元，并处罚款50000.00元的行政处罚决定。

以案释法 31

剥夺当事人听证权行政处罚无效案

2010年8月3日，某市农业局在王某经营的养鸡场门市部查获部分兽药，并发现王某没有办理2010年度兽药经营许可证。随后，农业局的执法人员据此作出了行政处罚，并于2000年8月11日向上诉人送达了告知听证违法行为处理通知书，拟对王某给予三项行政处罚：（1）立即停止兽药经营；（2）没收所查扣的兽药；（3）罚款5000元。并根据行政处罚法第三十一条、第三十二条、第四十二条告知了上诉人享有陈述申辩和要求组织听证的权利。8月12日王某要求组织听证，并递交了书面申请。8月13日，市农业局答复决定不组织听证。8月23日市农业局对王某作出了上述三项行政处罚，王某不服提起诉讼。

释解

根据行政处罚法第四十二条的规定，行政机关作出责令停产停业、吊销许可证或者执照、较大数额罚款等行政处罚决定之前，应当告知当事人有要求举行听证的权利；当事人要求听证的，行政机关应当组织听证。市农业局在作出处罚决定之前已告知了上诉人享有要求组织听证的权利，而且根据行政处罚法的规定，市农业局作出的具体行政行为，属听证范围，在当事人要求听证的情况下，市农业局没有组织听证，就作出行政处罚，显然程序失当。最终，法院判决确认该市农业局作出的行政处罚决定无效。

附录

农业部关于印发《农业系统法治宣传教育第七个五年规划（2016—2020年）》的通知

农政发〔2016〕3号

各省、自治区、直辖市及计划单列市农业（农牧、农村经济）、农机、畜牧、兽医、农垦、渔业厅（局、委、办），部机关有关司局、派出机构、有关直属单位：

为深入推进农业系统法治宣传教育工作，根据中共中央、国务院转发的《中央宣传部、司法部关于在公民中开展法治宣传教育的第七个五年规划（2016—2020年）》的要求，我部制定了《农业系统法治宣传教育第七个五年规划（2016—2020年）》。现印发给你们，请结合本地区、本部门实际，认真组织实施。

农业部

2016年7月7日

农业系统法治宣传教育第七个五年规划（2016—2020年）

在为全面落实全国人大常委会关于深入开展法治宣传教育的决议和《中央宣传部、司法部关于在公民中开展法治宣传教育的第七个五年规划（2016—2020年）》，认真做好农业系统第七个五年法治宣传教育工作（以下简称农业系统“七五”普法），结合农业系统实际，制定本规划。

一、总体要求、工作原则和主要目标

（一）总体要求

围绕“十三五”时期农业农村经济社会发展的目标任务，按照全面依法治国新要求，深入开展农业法治宣传教育，突出重点，突出特色，突出效果，注重理念、机制、载体、方式创新，推进法治精神弘扬，推进农业法治实践，推进农业法治文化建设，提升农业系统干部职工法治意识和厉行法治的自觉性，提升行政相对人、农民群众守法观念和依法维权意识，为农业发展、农民增收和农村稳定营造良好法

治环境。

（二）工作原则

——坚持围绕中心，服务“三农”。树立大局意识，围绕农业农村改革发展中心工作，深入开展农业法治宣传教育，服务加快推进农业现代化，服务保障农产品质量安全，服务改善农民生活水平，服务维护农村社会和谐稳定。

——坚持需求导向，突出重点。着眼于不同群体的实际需求，根据不同地区、不同行业的特点，开展精准普法，因材施教，使农业法治宣传教育更加贴近基层、贴近群众、贴近实际，增强普法针对性。突出抓好重点对象，带动和促进全系统普法。

——坚持学用结合，普治并举。坚持农业法治宣传教育与农业法治实践相结合，深入推进农业依法治理，切实加大农业执法力度，用法治实践推动法治宣传教育，通过严格执法树立法律权威。

——坚持创新发展，注重实效。坚持以改革创新引领农业法治宣传教育“转型升级”，推进农业法治宣传教育工作理念、方式方法、载体手段和体制机制创新，着力提高农业法治宣传教育的实效性。

（三）主要目标

——法治信仰更加坚定。在传播法律知识的同时，更加注重弘扬法治精神、培育法治信仰，在农业系统形成崇尚法律、厉行法治的良好氛围。

——法治实践更加深入。全面推进农业依法行政，推动农业执法体制机制进一步完善，推动农业法律法规全面有效实施，推动农业法治化进程加快。

——法治文化建设更加有力。推动法治文化与机关文化、行业文化、地方文化融合发展。建设一批农业特色法治文化阵地，打造一批农业法治宣传教育精品项目，创建一批农业法治文化建设示范点。

——普法机制更加健全。完善普法制度，创新普法机制，明确责任分工，强化监督考核，推动农业法治宣传教育制度化发展。

二、主要任务

（一）深入学习宣传以宪法为核心的中国特色社会主义法律体系。突出学习宣传宪法，弘扬宪法精神，树立宪法权威，增强宪法观念。深入宣传中国特色社会主义法律体系，特别要加大依法行政领域法律法规的学习宣传力度，大力开展行政许可、行政处罚、行政强制、政府信息公开、行政复议、行政诉讼、国家赔偿等相关行政法的学习培训，推动农业系统干部职工树立“权由法定、权依法使”的意识，提高依法办事能力。

（二）深入学习宣传与履职相关的法律法规。大力开展农业法、农村土地承包法、农业技术推广法、畜牧法、农业机械化促进法、动物防疫法、草原法、渔业法、农民专业合作社法等法律法规的学习宣传，促进农业和农村经济持续健康发展。结合农产品质量安全整治、农资打假专项治理，重点学习宣传农产品质量安全以及种子、农药、肥料、兽药、饲料等农业投入品方面的法律法规，充分发挥法律法规在规范农村市场经济秩序、保障农业产业安全和维护人民身体健康中的作用。大力宣传行政诉讼、行政复议、仲裁、信访等方面的法律法规，引导农民群众依法表达诉求、维护权益、化解纠纷，促进农村社会和谐稳定。

（三）深入学习宣传党内法规和习近平总书记关于全面依法治国的重要论述。突出宣传党章，教育引导农业系统广大党员尊崇党章，坚决维护党章权威。大力宣传《中国共产党廉洁自律准则》和《中国共产党纪律处分条例》等各项党内法规，教育引导广大党员做党章党规党纪和国家法律的自觉尊崇者、模范遵守者、坚定捍卫者。深入学习宣传习近平总书记关于全面依法治国的重要论述，深刻领会全面依法治国的重大意义和总体要求，更好地发挥法治的引领和规范作用。

（四）推进农业法治文化建设。加强机关法治文化建设，通过开展法治讲座、张贴海报挂图、制作宣传展板或视频音频资料、播放法制宣传片、组织法治主题演讲、征文、答题等，在机关营造浓厚的法治氛围，使机关干部持续接受法治精神的点滴熏陶。积极开展丰富多彩的法治文化活动，鼓励创作和推广满足农民群众需求的法治文化产品，使法治宣传教育与农民群众文化生活相结合。总结和培育农业法治文化建设先进典型，命名一批农业法治文化建设示范点。

（五）推进农业依法治理。认真落实《法治政府建设实施纲要（2015—2020年）》，扎实推进农业依法行政。切实履行各项法定职责，完善执法体制机制，加大执法力度，规范执法行为，促进农业法律法规的有效实施，在法治实践中加强农业法治宣传教育。健全完善重大决策合法性审查机制，积极推行农业部门法律顾问制度，推进农业部门公职律师队伍建设。开展农业依法行政示范单位创建活动。

三、对象和要求

农业系统“七五”普法的对象是农业系统干部职工、行政相对人和农民群众，重点是领导干部。

（一）加强农业系统干部职工学法用法。认真贯彻落实《关于完善国家工作人员学法用法制度的意见》，推动农业系统干部职工学法用法工作制度化、规范化。坚持把农业系统领导干部学法用法作为重中之重，通过落实领导班子中心组集体学法、常务会议学法、重大决策专题学法等制度，使领导干部深刻领会法治精神，牢固树立守法律、重程序、受监督的法治理念，提高运用法治思维和法治方式管理经济的能力。加强农业系统公务员学法用法，把法治教育纳入干部教育培训总体规划和各类干部培训的必修内容，保证法治培训课时数量和培训质量，并逐步建立和完善学法考勤、学法档案、学法情况通报、年度法律考试等制度，提高农业系统公务员的法律素质和依法行政水平。实施执法人员法律素养提升计划，通过集中培训与网络培训相结合，对全国农业综合执法人员开展轮训，全面提升农业综合执法人员的执法能力和办案水平。各部门每年至少举办一期领导干部法治专题培训班。执法人员每年法律培训时间不少于40小时。

（二）**加强企业经营管理人员学法用法**。学习宣传与市场经济、经营管理相关的法律法规，增强企业经营管理人员依法经营、诚信经营、依法办事的观念。通过集中培训、专家指导、开通热线、发放宣传材料等多种方式，结合规范农资市场、保障农产品质量安全的形势和要求，重点宣传农产品质量安全和农业投入品等方面法律法规，促进各类农资生产经营者、农产品生产企业和农民专业合作经济组织等新型农业经营主体依法生产和经营。

（三）**加强农民群众学法用法**。广泛宣传与农民群众生产生活密切相关的法律法规，提高农民群众自觉守法意识和依法维权能力。进一步丰富法治宣传的形式，选取农民群众喜闻乐见的方式和内容，使法治宣传教育更加贴近农民、贴近生活。更加注重农民群众的实际需求，把法治宣传和法律服务紧密结合起来，在提供法律服务的过程中传授法律知识、培育法律意识、传播法治理念。

四、工作措施

（一）**优化普法工作机制**。农业系统各部门、各单位要切实加强对普法工作的领导，有效整合资源，明确职责分工，形成部门内各司其职、各负其责、齐抓共管的工作格局。加强部、省、市、县四级农业部门联动，营造宣传声势，扩大普法效果。加强农业部门与普法主管部门、新闻宣传部门、教育培训机构等部门单位的沟通联系，构建普法横向合作机制，强化协同配合。

（二）**加强普法队伍建设**。加强农业部门普法办事机构建设，建立一支业务精湛、作风过硬的普法队伍。加强普法骨干培训，不断提高政治素养、法律素质和业务能力。充实普法讲师团力量，充分发挥讲师团在普法工作中的重要作用。

（三）**创新普法手段方式**。创新普法手段，丰富普法形式，增强农业法治宣传教育的吸引力、感染力和实效性。一是开展形式多样的主题活动。组织好“12·4”国家宪法日、“农业法律法规宣传月（周、日）”等主题日宣传活动，开展集中式普法宣传。结合法律颁布实施日、重大事件等时间节点，做好新颁布新修订法律法规的学习宣传，有针对性地开展农业法律法规宣传活动。深入开展“农业法律进村户入企社”活动，将农业法律法规作为职业农民培训的重要内容，加大对农业投入品生产经营企业、农业生产企业、农民专业合作社、家庭农场等农业经营主体，以及乡村干部、农民群众法律知识培训。二是拓宽普法形式。通过编发农业法律宣传资料、开通“12316”服务热线、设立农业法治专栏、举办农业法律知识竞赛、开设农业法治大讲堂、以案释法等形式，扩大普法受众面，提高普法针对性。三是加强新媒体普法平台建设。开展“互联网＋农业法治宣传”行动，利用农业部门门户网站、移动客户端、农业政务微博、农业公众微信、手机短信等新媒体，进行全方位、多层次、立体式普法宣传，充分发挥新媒体在农业法治宣传教育中的重要作用。加强互联网与传统媒体的深度融合，努力打造以传统媒体为基础、以新媒体为主导的农业法治宣传教育网络体系。四是推进农业法治宣传教育阵地建设。充分发挥农业干部培训院校、农广校、农业报社、农业影视中心等在普法中的作用，通过编写普法读本、开办普法专栏、推出普法节目、开展专题培训等多种宣传形式，加大法治宣传力度，增强农业法治宣传教育效果。

五、组织领导和保障

（一）落实普法责任。落实国家机关“谁执法谁普法”的普法责任制，建立普法责任清单制度。落实“谁主管谁负责”的普法责任，推动各行业、各单位结合行业特点和特定群体的法律需求，开展法治宣传教育。健全完善法治宣传教育工作考核评价体系，探索引入社会第三方评估和社会满意度测评，推动普法工作落实。

（二）强化工作指导。各级普法领导小组办公室要认真履行组织、协调、指导、检查的职能作用，充分调动各方面积极性，发挥各自优势，形成推进法治宣传教育的合力。加强调查研究，深入基层了解情况，研究问题，努力推动工作。加强经验交流，及时总结推广先进典型，开阔工作视野，拓展工作思路。加强督查，认真开展年度考核、阶段性检查和专项督查，促进普法规划的落实。

（三）加强经费保障。各级农业部门要积极争取同级政府和财政部门的支持，将农业法治宣传教育经费纳入年度财政预算，并建立动态调整机制。农业部门要统筹安排相关经费，搭建农业法治宣传平台，配备必要的普法设施，保证法治宣传教育工作的正常开展。

农业系统“七五”普法规划从2016年开始实施，到2020年结束。各级农业部门要结合本地区、本部门实际，认真组织实施本规划，确保各项目标任务落到实处。